魂磨きで魔法のように
願いを叶える

你所夢想的事，都能一一實現

2021. 7. 11.
南西誠品.
劉宣雅

Hana Mizuki

水紀 華

賴郁婷 譯

「我想遇見真命天子」
「我想要現在的男朋友更愛我」
「我想成為耀眼的女人」
「我想擁有財富」
「我想找到一份可以發揮自己能力的工作」

相信各位一定也都有想實現的願望。

假如有人告訴你：

「你的願望，全部都可以實現！」

那麼，你會想實現什麼夢想呢？

序

有個方法可以非常快速地實現各位的願望。
只要照著「那個方法」去做，現實將會一步步地改變。
過去已經有很多人因為實踐「那個方法」，見證到許多大大小小的奇蹟。包括：

＊遇見理想對象
＊交往三個月就被求婚
＊找到喜歡的工作
＊輕鬆地成功減重
＊被說變漂亮了
＊生活不必再為錢煩惱
＊獲得三百萬的意外收入

etc.

這些實現夢想的人所用的「那個方法」就是：

「打磨靈魂」。

我自己也是開始打磨靈魂之後，人生頓時出現轉變。

工作漸漸步上軌道，**大學期間就創立了自己的公司**。

從此事業一帆風順，公司創立才三個月就受到知名財經報紙《日本經濟新聞》的報導。

而且，我還遇到了夢想中的真命天子，在生日當天被王子般的他驚喜求婚，

單月的銷售額瞬間爆增四十倍！

二十一歲就訂下婚約。

不只如此。

透過打磨靈魂，**我還學會了通靈**（channelling）。

（channelling指的是連結看不見的高次元存在並接收訊息。目前我從事的工作就是將接收到的訊息傳達給大眾，幫助更多人實現願望。）

這樣的我，其實以前一直覺得「這世上根本沒有什麼好事會發生」、「真希望人生趕快結束……」。

看到別人長得漂亮，我既嫉妒又失落；在人際關係上屢遭挫折，不知如何是好；感情路也走得跌跌撞撞，充滿傷心的眼淚。我的人生簡直糟透了。

我痛恨這樣的日子，對人生感到絕望。但是，在內心深處卻仍一直渴望能夠得到幸福……

因為實在很想改變現實，於是就像抓住最後一根救命稻草似的，我嘗試了「吸引力法則」。

我對著新月許下心願，時時懷著感恩的心，用雀躍的心情迎接每一天……

我遵照吸引力法則去做，然而，雖然小事情確實如願成真，但是卻沒有為我帶來夢想中的現實。

「為什麼我沒有辦法得到想要的現實呢？」

難不成吸引力法則都是假的？

可是真的有人因為這樣為自己帶來夢想中的現實啊……

為什麼我辦不到呢？

百思不解的我，於是徹底去研究瞭解這個世界的運作。

包括吸引力法則為什麼可以實現願望，以及各種心靈法則的作用，還有物理學、科學、心理學等。

在研究的過程中，我發現自己過去一直忽略了一件相當重要的事！（詳細內容就留待本文再做說明）

不只如此，我也確定**實現理想最有效的方法，就是打磨靈魂**。於是從那之後，我開始專心地努力打磨自己的靈魂（過程中還學會了通靈）。

自從開始打磨靈魂，我的人生頓時轉變！

就像前面說過的，現在的我擁有成功的事業，不需要再為錢煩惱，也有疼愛我的另一半。過去夢想的生活，如今全部都實現了。

現在正在閱讀本書的各位，或許也有人曾經嘗試過吸引力法則，結果卻不如預期。

透過吸引力法則，應該就能為自己帶來幸福，不論是完美的另一半，還是有意義的工作，甚至是不必為錢煩惱的生活。

不過事實上，很多人都無法實現願望。

原因就在於多數人都跟我一樣，忽略了非常重要的一件事。

如果各位也是如此，請不用擔心。

只要看完這本書，你夢想中的理想生活，一定可以實現。

因為**打磨靈魂就是最有效的吸引力，而且任何人都辦得到**。

只要打磨靈魂，願望就會像魔法一樣接二連三地實現。

本書的內容不會像吸引力法則一樣要你「保持雀躍的心情！」或是「要愛你自己！」。

這是一本**「讓所有夢想確實實現」**、關於**真實吸引力的書。**

事事不宜遲，從今天開始，各位就一起來打磨靈魂，實現內心深藏的願望，過著夢想的人生吧。

希望有緣閱讀本書的各位，都能散發出鑽石般耀眼的光芒，擁有充滿愛與幸福的人生。

祝福大家。

水紀華

打磨靈魂的親身體驗①

跟父母和朋友的關係變好，人也變瘦了，就連面貌也變得不一樣，每天都很開心！（20多歲，補教老師）

以前我一直很沒有自信，和父母關係也不好，幾乎每天吵架。在公司和朋友之間一直是個獨行俠，感情也走得跌跌撞撞……

「人生再這樣下去不行！我要改變現在的狀況！」

就在這個時候，我遇見了水紀小姐。抱著半信半疑的心情，我開始嘗試打磨靈魂。

一開始真的很痛苦，因為打磨靈魂必須先面對自己的缺點。但是持續了一段時間之後，我的人生真的變得不一樣了！實在太神奇了。

我才試了差不多一個星期，期望的理想生活竟然就實現了。和父母的關係變好，不再吵架，也開始受到學生的歡迎。朋友和同事也開始會邀我一起聚餐，現在假日我簡直忙得不可開交（笑）。這讓我想起水紀小姐曾經說過，打磨靈魂會讓人散發出一股內在的光芒，吸引其他靈魂靠近。

更棒的是，我還輕輕鬆鬆就瘦了十公斤！瘦下來之後，原本的單眼皮自然也變成雙眼皮了。

現在打磨靈魂對我來說是非常快樂的一件事！真想馬上回到過去，把這個方法分享給那個一直深陷煩惱的自己（笑）。

從開始打磨靈魂到現在已經一年了，接下來我也要繼續這麼做下去！

打磨靈魂的親身體驗②

嘗試打磨靈魂才兩個月就被求婚了！現在過著以前想都沒有想過的幸福婚姻生活！（30多歲，家庭主婦）

我和男朋友認識交往已經六年了，一直以來都覺得是我單方面在付出。我雖然想結婚，可是他卻一直沒有動靜……為了改變這段關係，我決定開始嘗試打磨靈魂。

我把打磨靈魂的重點寫在紙條上，有時候還會大聲唸出來，隨時提醒自己不要忘了打磨靈魂。另外，為了改變潛意識，我不斷地回頭面對內在的自我，深入檢視自己的思維。

漸漸地，我發現自己的想法和言行有了轉變，就在這個時候，他也開始變得不一樣了。原本個性不擅表達的他，突然變得會親暱地摸我的頭，言行舉止也變得溫柔許多。轉變之大，讓我不禁懷疑「發生什麼事了？！」。

打磨靈魂真的就像魔法一樣神奇！

嘗試了兩個月之後，他終於向我求婚了！現在他可是讓我得意的老公呢。

才兩個月的時間，現實竟然就有這麼大的改變，直到現在還是覺得很神奇。

打磨靈魂真的是實現夢想最強大的吸引力！

打磨靈魂的親身體驗③

我希望可以得到財富和被愛！只要打磨靈魂，這世上就沒有「不會實現」的願望，實在太棒了！（20多歲，學生）

自從開始打磨靈魂，身邊的人都變得對我很好。

以前男生從來不把我當女生看待，但是自從開始打磨靈魂之後，大家突然變得很溫柔，還會主動幫我拿東西，完全把我當女生一樣對待。

不僅如此，竟然還有人跟我告白！

而且我還平白無故收到大家送的各種東西，甚至得到意外之財，連財運都變好了。花錢之後錢卻不減反增，實在太神奇了（笑）。

打磨靈魂會改變潛意識，使得發生的現實也確實跟著改變。雖然一開始面對自己有點辛苦，不過只要克服了之後，一切就會變得非常開心！現在我的願望幾乎沒有「不會實現」的。

就算有什麼難過的事，只要想到繼續打磨靈魂就能實現願望，我就能夠繼續努力下去，期待願望實現的一天！

打磨靈魂實在是太棒了。

最棒的是，從此「人生變成一件開心的事」。

打磨靈魂的親身體驗④

所有願望都變得理所當然會實現！現在我每天都能打從心底感受到幸福！（20多歲，學生）

打磨靈魂至今才過了八個月，我的人生就已經出現許多轉變！包括：

＊考上夢想中的大學
＊找到工作
＊經常被請客
＊想要的東西都能得到手
＊和關係不好的媽媽重修舊好
＊異位性皮膚炎的狀況變好了
＊原本被認為不可愛的我，現在竟然有人說我很可愛，想跟我交往
＊做自己也能受到大家的歡迎　etc.

現在實現願望對我來說一點也不難，反而不會再想著要做什麼或想要什麼。

我原本很在乎大家怎麼看我，一心只想著要跟誰一樣得到幸福。但是，現在我每天都能打從心底感受到幸福。關於打磨靈魂改變自己潛意識的重要性，我已經深刻體會到了。

只要持續打磨靈魂，願望一定會實現。現在我真心感謝當初這麼做的自己！

part 1
打磨靈魂是最強大的吸引力

part 2

快速實現願望的方法

part 3

吸引財富的靈魂打磨術

part 4

吸引幸福戀愛的靈魂打磨術

part 1

打磨靈魂是
最強大的吸引力

什麼是打磨靈魂？

「被主管罵……」

「被最愛的男朋友甩了……」

「羨慕朋友的幸福……」

「錢總是不夠用……」

人生總是免不了各種煩惱。

為什麼會有這些痛苦和討厭的事情發生呢？

其實，各位現在經歷的痛苦和討厭的事，都和靈魂有很深的關係。

會這麼說是因為，**我們來到這個世上，為的就是打磨靈魂。人生中發生的每一件事，都是為了這個目的。**

接下來就讓我們再繼續深入探究吧。

每個人的靈魂，各自都有在今世必須完成的「目的」。

靈魂的「目的」各有不同，必須透過打磨達到成長提升，最後才能達成。

就像打打殺殺的動作類型電玩一樣，要打倒敵人才能晉級到下一關。

要想完全打敗敵人就必須不斷晉級，所以每天不間斷的各種努力是不可或缺的。

同樣的道理，為了達成靈魂的目的（＝打敗敵人），所以我們必須不斷打磨靈魂（使靈魂獲得成長）。

因此，我們的生活才會被安排和不同的靈魂相遇，為的就是要打磨靈魂。

換言之，各位現在正在經歷的現實，都是為了打磨靈魂（使靈魂獲得成長）。

遇見的人、發生的事，全部都是為了打磨靈魂。

無論是痛苦或不如意，一切都是打磨靈魂最好的機會。這一點務必要謹記在心。

當靈魂經由打磨達到成長之後，就能完成靈魂的目的。這時候就再也不會有任何打磨靈魂的試煉或艱困（＝痛苦和討厭的事）發生，所期待的夢想生活自然會實現。

這就是藉由打磨靈魂使願望實現的過程。

那麼，怎麼做才能打磨靈魂呢？

靈魂可以透過①從當前的現實獲得學習；②改變意識；③改變行動來進行打磨。

至於具體的方法，就留待後續再說明吧。

為什麼是靈魂？

人有年齡，靈魂同樣也有年齡。

人每過一次生日就會長大一歲，靈魂則是隨著成長增加歲數。

靈魂跟人的成長一樣，可以劃分成「嬰兒期↓幼兒期↓兒童期↓青年期↓成人期↓老年期」等不同的成長階段。

人在嬰兒期做不到的事，到了成人期自然可以辦得到。同樣的，靈魂也會隨著成長，辦得到的事情愈來愈多。

隨著靈魂的成長，人生將會愈走愈順利。

事實上，我們經常會在無意識間做出提升靈魂的行動。

但由於自己沒有意識到，所以不太有感覺，導致靈魂在成長的過程中，容易產生困惑與內在衝突。

例如：

①期望擁有幸福的婚姻，卻總是莫名地被劈腿。

②總是莫名遇到一些金錢上的問題。

③跟家人和朋友老是處不好。

當同樣的事情一再發生的時候。

很有可能就是跟靈魂有關。

①的情況是為了讓靈魂學習愛惜自己，不再依賴愛情。

②的情況是為了讓靈魂學習金錢的使用方法，以及透過金錢感受他人的愛。

③的情況是為了讓靈魂藉由人際關係獲得成長。

所以才選擇碰上這些事情。

換言之，靈魂是為了獲得成長，所以期望並吸引來這樣的事情發生。

當靈魂獲得成長之後，這些情況便會隨之消失。

舉個實際例子來說。

有個女子長期深受人際關係所苦，不論做什麼，幾乎每天都會惹父母生氣，身邊也沒有任何朋友，導致她一直覺得是自己不好，不斷怪罪自己。

這樣的現實，其實是她的靈魂為了成長而帶來的。

當她知道當下的現實都是為了促使靈魂成長之後，很快地便開始打磨自己的靈魂。

一陣子之後，她告訴我：

「最近我爸媽對我已經不會再有所不滿了，不管我做什麼，他們都支持我。甚至還會沒來由地送我東西！以前根本無法想像他們會這麼做！不僅如此，我跟朋友的感情也意外變好了！」

由此可知，透過靈魂在無意識間所選擇的事物去進行打磨，人生將會出現驚人的改變。

對於靈魂，幾乎所有人都不瞭解，因為學校從來沒有教過。

如果可以瞭解靈魂，知道如何使靈魂成長，人生將會變得如魚得水。包括：

＊擁有準確的直覺
＊人生從此一路順風
＊願望都能一一實現
＊不再受負面情感所苦
＊活著變成一件快樂的事

實際上已經有很多人都已經藉由打磨靈魂，感受到活著的快樂，證實了打磨靈魂的效果。

只要關注靈魂，人生就會有驚人的轉變，感受到活著的快樂。

換句話說，關注自我靈魂就是吸引理想人生實現的最重要的關鍵。

打磨靈魂是改變潛意識最好的方法

我在實踐「吸引力法則」的過程中一直沒有注意到的重點之一，就是認識自己的「潛意識」。

潛意識指的是沒有自覺的意識。在吸引力法則中，吸引願望實現的方法，就是改變潛意識。

針對不瞭解這部分內容的讀者，以下我先簡單進行說明。

這世上所有的存在（包括人類、動物、金錢、東西、感情、思考、意識等所有一切），都有各自的頻率。

類似頻率的事物會互相吸引。

因此，只要改變意識，就能吸引相同頻率的事物（願望）靠近。這就是所謂的吸引力法則。

吸引力法則之所以很重視「心存感謝」、「隨時保持雀躍」，是因為只要這麼做，就能吸引擁有同樣頻率、值得感謝的開心事物，或是令人雀躍的快樂事物。

不過，很多人在實踐吸引力法則的時候都忘了一個重點。

那就是**「實現願望靠的是潛意識」**。

舉例來說，當你對雀躍的快樂事物抱持期待的時候，其實感受到雀躍心情的是「顯意識」（有自覺的意識）。

不論你再怎麼告訴自己「要保持雀躍的心情！」「要心存感謝！」「要愛自己！」，既然有意識到，就表示這些都是顯意識，對現實起不了任何改變作用。

各位可以這樣分辨：平時有自覺的，全部都是顯意識。

潛意識是感覺不到的。

即便是擔心和不安的心情，因為有感覺，所以也是屬於顯意識，因此我們無法吸引擔心和不安發生。

實現願望靠的是潛意識，只要改變潛意識，現實就會跟著改變，願望也會跟著實現。

只不過，潛意識並非說改變就能辦得到。

因為它是沒有自覺的。

那麼，要怎麼做才能改變潛意識呢？

方法就是靠「打磨靈魂」。

潛意識會隨著「靈魂的經驗值」而改變。

有所自覺的顯意識，都是根據過去的經驗，一路轉變成現在的狀態。

我相信各位小時候的想法，一定跟經歷過各種事物的現在完全不一樣。

同樣的，潛意識也會因為靈魂的各種經驗而不斷地變化。

打磨靈魂可以提升靈魂的經驗值。

如果想實現願望，透過打磨靈魂改變潛意識，就是最快且最有效率的方法。

「陽光心態」的轉變無法打磨靈魂

前述內容中提到：

「各位現在所經歷的現實，為的是要打磨（提升）你的靈魂。不管是遇到的人、發生的事，一切都是為了讓你的靈魂獲得打磨。」

換言之，除非面對現實去打磨自己的靈魂，否則現實不可能改變。

舉例來說，假設你正因為男朋友一直沒有打電話來而感到煩躁。

這時候你突然想到「如果繼續這樣下去，會吸引來令人煩躁的事情發生！得正面思考才行！」，於是你告訴自己「不用擔心，他是愛我的」，將原本不安、煩躁的心情變成「陽光心態」（我把這種刻意保持陽光正面的心態稱為「陽光心態」）。

然而，**這麼做只是刻意把顯意識轉變成正面心態罷了，潛意識並沒有任何改變，因此現實狀況還是一樣。**

就算對方來電，終於不用擔心，但是最根本的潛意識仍舊沒變，所以同樣的情況一樣會再發生。

這也是我過去在實踐吸引力法則的過程中沒有注意到的重點之一。

遇到不如意的事情，別再刻意讓自己轉變成「陽光心態」了。

如果刻意這麼做，原本為了打磨靈魂而發生的現實，只會變得無法發揮作用。

反而是保持原本的心態，才有辦法好好面對真正的現實，達到打磨靈魂的目的。

前面內容曾經提到：「靈魂可以透過①從當前的現實獲得學習；②改變意識；③改變行動來達到打磨。」

以上述例子來說，必須先從「男朋友遲遲沒有聯絡」的當前現實去思考「為什麼會這樣？」。

「沒有聯絡」的現實，是為了打磨你的靈魂，因此其中必定有值得學習的地方。

一旦得到該學習的重點，「沒有聯絡」的現實就會改變，變成「有聯絡」的現實。

對打磨靈魂來說，比起保持「陽光心態」，面對現實要來得更重要。

「業報法則」——自己做過的行為最後都會返回自己身上

「業」指的是「前世或今世自己做過的行為」。所謂的「業報法則」，就是**「自己做過的行為，最後都會返回自己身上」的意思。**

心靈相關的書籍當中經常會提到「要消除業報」，因此大家很容易會認為「業報＝不好的東西、可怕的東西」。不過事實上，**無論是讓人開心的行為，或是傷害人的行為，都可稱為業報。**

在吸引力法則中也有「自己做過的事會返回自己身上」的說法。

「做好事，好事會回過頭來發生在自己身上。」

「做壞事，壞事會回過頭來發生在自己身上。」

當事情回過頭來發生在自己身上的時候，如果是可以感受到幸福的行為（業），倒沒什麼問題。

不過，如果是回過頭來發生在自己身上時會感到不開心的行為（業），如果可以的話，相信大家都會想避免。

舉例來說，「不愛自己」的業，會直接返回自己身上，吸引來「別人也不愛你」的業。

這時候只要改掉「不愛自己」的行為，返回自己身上的行為就會跟著改變。只不過，無論再怎麼告訴自己「要改掉習慣」、「不能再這麼做」，有時候還是會做出同樣的行為。

結果到最後又直接回過頭來發生在自己身上。

之所以反省過後依舊做出同樣的行為，原因就在於**無意識下的潛意識其實並沒有反省**。

「要改掉習慣」、「不能再這麼做」的念頭，都僅僅只是顯意識的想法罷了。

前面說過，潛意識會隨著靈魂的經驗值改變，而靈魂的經驗值則會因為打磨靈魂而獲得提升。

換言之，之所以又做出同樣的行為，意味著靈魂尚未確實得到學習。

不能只是表面上的反省，必須將得到的學習深刻烙印在靈魂裡才行（詳細方法留待「打磨靈魂的方法」一節再做說明）。

當靈魂確實獲得學習，改變自己的行為（業）之後，現實也會確實出現轉變。

打磨靈魂有助於慢慢減輕煩惱

打磨靈魂主要是透過煩躁、不如意的情況來進行，而不是快樂幸福的事件。幸福的事件，通常都是因為靈魂已經擁有相關的學習經驗，所以才會有幸福的感覺。

以分手為例。

假設靈魂從中學習到「原來和深愛的人在一起並非理所當然，而是無可取代的。從今以後要更珍惜每一次相遇」。

這個時候，等到下一次再談戀愛，即便是微不足道的小事，例如聊天或彼此健康共度每一天等，也都會感受到幸福。

每一次靈魂藉由學習獲得成長之後，就能為生活帶來更多幸福。

人來到這個世上就是為了打磨靈魂，假使不這麼做，只會吸引來更多負面情感的事情發生。

反過來說，遇到負面情感的事情，表示靈魂還有尚待打磨的部分。

當靈魂不斷透過打磨獲得成長，到最後就不再需要打磨了。這個時候，那些令人煩躁或感到不如意的事情，也就不會再發生。

因為靈魂已經不需要任何學習了。

到了這個階段，煩惱將不再，只剩下心目中的理想生活一步一步化為實現。

打磨靈魂會讓人放下執著，加速願望的實現

假如每個人一定都可以和所愛的人結婚，各位還會有「想跟深愛的人結婚」這種念頭嗎？我想一定不會。

說不定就算和所愛的人結婚，也不會開心。

肯定也不會有「為什麼願望沒有實現……」的煩惱和痛苦。

事實上，為了感受實現願望帶來的幸福，人會刻意吸引「願望沒有實現」的現實發生。

假設這個世界所有願望一定都會實現，也就沒有必要刻意吸引不幸來靠近以獲得最後的幸福感了。

如果可以的話，大家當然會想活在所有願望都能實現的世界吧。

要吸引這樣的世界，最重要的是具備「願望一定會實現」的潛意識。

然而，在渴望願望實現的同時，內心對「實現願望」會轉變成一種執著，這種想法益發強烈，反而會更相信「願望不會實現」。

因此，要想實現願望，一定要放下「希望願望可以實現」的執著。

這時候就必須仰賴打磨靈魂。

打磨靈魂會讓人把注意力從「實現願望」的念頭上，轉移到「怎麼做才能達到打磨靈魂的目的？」。

由於注意力已經轉移，「實現願望」背後的「願望不會實現」的念頭也就不會愈來愈強烈。

這時候對實現願望就不再會有執著，相對地願望就能更快實現。

專心打磨靈魂，別再一心想著要實現願望了。

隨著打磨靈魂，願望自然會跟著實現。

打磨靈魂的方法

關於透過打磨靈魂實現願望，有以下幾個原則：

①所有發生的事情，都是為了打磨靈魂。

②實現願望必須靠潛意識，潛意識會隨著靈魂的經驗而改變。

③靈魂獲得學習，改變自己的行為之後，回過頭來發生在自己身上的現實才會跟著改變。

先改变自己内在与行为，外境才会改变。

瞭解這三點之後，接下來就能開始打磨靈魂了。

打磨靈魂的基本步驟如下：

＊STEP1 只看事實，不帶任何主觀或情緒

為了打磨靈魂而發生的事情，就坦然接受事實本身，不要有任何主觀或情緒。看清事實才是最重要的。

＊STEP2 從自我去接受現實

拋開既定觀念，誠實檢視自己的感受。只有誠實面對自己的感覺，才有辦法真正接受現實。

＊STEP3 冷靜分析現實，從中獲得學習

接受事實之後進一步去分析，從中獲得學習。這麼做有助於提升靈魂的經驗值，促使潛意識跟著改變。

＊STEP4 決定接下來的行動

從學習中決定接下來該怎麼做。這時候的行為已經不同於以往，所以回過頭來發生在自己身上的現實自然也會改變。

找到真正的問題、痛苦所在。
了解到真正的「自」想法和
採取的行動也会不同。

STEP 1 只看事實，不帶任何主觀或情緒

我們很容易帶著自己的主觀和情緒去看待發生的事情，或是對方的言行舉止。

舉例來說，假設你下個星期六和男朋友約好要見面。

你殷切期盼著星期六的到來，沒想到結果卻像是要澆熄你雀躍的心情般，對方突然告訴你「對不起！下週六我要工作，不能跟你見面了」。

如果用自己的主觀和情緒去看待這樣的結果會認為：

「所以工作比我重要嗎？」

「他一定是不愛我……」

「連約會的日子也不能請假，該不會其實他根本不想跟我見面吧……」

這些都是用自己的主觀和情緒去猜測現實。

可是，說不定對方也跟你一樣期待約會，所以一直很努力工作。說不定你對他來說非常重要，他迫不及待可以盡快和你見面。真正的真相，只有他才知道。

假設你對他來說非常重要，但是你卻因為約會被取消而認定對方不重視你，這麼一來等於誤解了事實。

一旦誤解事實，就無法以正確的方式打磨靈魂。

以這個例子來說，只要接受「約會取消」的事實就行了，不要用自己的主觀和情緒去猜想背後的原因或是對方的心情。

STEP 2 從自我去接受現實

懂得用正確的態度看待事實之後，接下來就是面對現實，從自我去接受它。

自我指的是以自己堅定的想法為出發點；從自我去接受事實，意思是**不要用他人的意見或價值觀，甚至是社會一般的既定觀念來判斷事物。**

打磨靈魂很重要的一點是必須自己一個人面對現實，不需要和任何人討論。

因為一旦跟人討論，很容易會受到對方意見的影響而失去自我。例如：

「原本已經和他約好要見面了，結果他卻因為工作突然取消約會。」

「怎麼可以這樣！我以前的男朋友就曾經騙我說要『工作』，結果卻是跑去跟別的女人約會唷！」

「不會吧……他每次星期六都說要加班，明明是假日……說不定他根本不愛我……」

跟人討論只會讓自己被他人的主觀或既定觀念牽著走。

這麼一來，原本好不容易做到STEP1（只看事實，不帶任何主觀或情緒），最後卻可能受到他人想法的影響。

正因為如此，所以打磨靈魂最重要的就是自己一個人面對。

既然是要自己一個人面對現實，不妨找個時間靜下來好好思考。

先認清並接受發生的現實，然後誠實地去檢視自己的感受。

這個時候可以告訴自己：「假設這個世上沒有任何其他人，不需要在意別人的眼光，這時候自己會怎麼想？」用這種方式可以更容易看清自己的感受。

誠實接受現實有時候會很痛苦。

但是如果拒絕現實而不真正接受它，就無法從中獲得學習，日後同樣的事情只會一再發生。

反過來說，不如意的事情一再發生，表示自己並沒有接受現實，只是一直在抗拒它。

當發生不如意的事情，千萬不要拒絕接受它，而是要告訴自己：

「這是獲得幸福的機會！這件事的背後一定有什麼是我要學習的。」

不如意的事情之所以發生，都是為了要測試你。

只要知道「這是為了要測試自己是否能夠藉此打磨靈魂，往下一個更美好的階段邁進」，自然就能夠用正面的心態去打磨靈魂。

STEP 3 冷靜分析現實，從中獲得學習

用自己的感受接受現實之後，接下來就是冷靜分析現實，從中獲得學習。

為了打磨靈魂，我們會經歷各種事件，也會遇見許多人。

人生本身就是打磨靈魂的「教科書」。

為了打磨靈魂而發生的事，千萬別只把它當成「單純事件」。如果可以從事件去分析現實，從中獲得學習，它就會變成「靈魂的經驗」，連帶改變潛意識。

只不過，就算知道要這麼做，真正做起來或許還是很難。

所以在這裡我要介紹一個最容易著手的方法。

那就是寫「靈魂打磨日記」。

靈魂打磨日記是先以平常的方式寫日記，然後針對自己的想法和感受一一去分析，並且記錄下來。

分析當然也可以在大腦中進行，只不過，把發現和學到的事情寫成文字記下來，就能方便日後再回頭檢視，所以建議大家可以這麼做。

「靈魂打磨日記」的具體方法分為以下兩個步驟：

①以平常的方式寫日記

首先用平常的方式寫日記。

盡可能寫下發生的事情，以及自己的感受，方便接下來更容易分析。

②分析現實，獲得學習

接下來進一步去分析：

「自己對這個現實有什麼感覺？」

「為什麼會有這種感受？」

「自己覺得為什麼會發生這種事？」

透過分析，可以瞭解自己當下的潛意識狀態。

接著再去思考「這個現實告訴我什麼？」。

在記錄「靈魂打磨日記」的時候，有以下幾點要注意：

＊誠實地寫

日記要用誠實的態度去寫，不要逞強或說謊。

為此，日記最好別給任何人看。

＊用「或許～」的說法來記錄分析和學習的部分

潛意識是沒有自覺的，因此分析只能從現實去推測。
因為潛意識會表現在現實上。
另外，學習也沒有正確答案，所以在分析和學習的部分，最好盡量以「或許～」來記錄。
既然沒有正確答案，就自由地去思考吧。
只要是自己整理出來的答案，都是正確答案。

＊寫下他人說過的話

有時候透過他人，也可以得到有助於靈魂的重要訊息。
只要覺得說得對，無論是好是壞，都盡量寫下來吧。

＊不必每天寫也沒關係

打磨靈魂不是在感受到幸福的時候，而是覺得煩躁、不如意的時候進行。換言之，「靈魂打磨日記」主要是在有負面情緒的時候再寫就行了。

因此不必每天寫也沒關係。

＊分析時最好可以透過知識

要想從自己的想法和行為中獲得學習，具備心理學相關知識會更容易。
若希望可以深入分析，不妨先學習一點心理學的相關知識。

接下來是幾個「靈魂打磨日記」的實際範例。
日記沒有什麼所謂的正確答案。
就依照自己的方式，輕鬆寫下自己學到的收穫吧。

一般日記範例

○月○日

今天遇到○○。大學畢業之後就沒有見過面了，現在她都已經結婚，也有小孩了。她要我也趕快結婚，聽了就覺得很煩。

她可能只是想分享她的幸福，只是聽起來就覺得是在炫耀。看到她一臉幸福的樣子，我實在無法笑著說出「好羨慕」這種話。

回到家後，想到自己嫉妒的心情就覺得很煩。

我也好想趕快結婚喔。

重點

* 把覺得煩躁和討厭的事寫下來。比起幸福的感受，盡量把重點放在負面情緒上。
* 把疑問也寫下來。
* 把他人說的話，或是自己覺得在意的話也寫下來。
* 不是最近發生的事情也可以寫。過去發生的事也可以用來打磨靈魂。

看到她一臉幸福的樣子，我實在無法笑著說出「好羨慕」這種話。

➡ 在社群媒體上明明可以很自然地說出自己的羨慕，對身邊的人卻說不出來。這應該是因為我把自己拿來跟對方比較的關係吧。就像看到那些生活在遙不可及的世界中的藝人，我也完全不會嫉妒一樣。**或許就是因為〇〇是身邊的人，所以才會拿自己和她比較而感到嫉妒。** 5

回到家後，想到自己嫉妒的心情就覺得很煩。

➡ 為什麼會對自己嫉妒的心情感到很煩呢？**或許是因為覺得嫉妒是不對的吧。**嫉妒其實沒什麼不好，**只是在自己心中把它看成是醜陋的東西罷了。** 6

我也好想趕快結婚喔。

➡ 回過頭來思考今天發生的這件事，我想我把自己陷入了困境，一心只想追求結婚，卻忽略了眼前的男生。**或許是因為我從來沒有認真看待眼前的男生，所以才遇不到真心對待我的人。** 7

➡ 如果想遇見真心對待我的人，自己應該要先真心看待男人的心意，而不是一味地追求結婚。**從現在開始，我不再追求形式上的結婚了，我要認真看待男人的心意。** 8

靈魂打磨日記範例

○月○日

今天遇到○○。大學畢業之後就沒有見過面了，現在她都已經結婚，也有小孩了。

➡這麼在意她已經結婚生子，或許就表示我對「結婚」還抱著執著。 1

她要我也趕快結婚，聽了就覺得很煩。

➡會覺得煩是因為我也想結婚，但就是沒有機會，自己心裡也很著急。會有這種心情，或許是因為自己一直覺得「結婚＝女人的幸福」吧。 2

➡「之所以覺得「結婚＝女人的幸福」，或許是因為常在社群媒體上看到一些結婚的女人分享自己幸福的生活。結婚原本應該象徵兩人之間的愛，但我或許是因為自己現在過得不幸福，所以才會羨慕那些已經結婚的女人擁有的幸福，進而也想追求婚姻吧。 3

她可能只是想分享她的幸福，只是聽起來就覺得是在炫耀。

➡會覺得她在炫耀，應該是因為我想結婚卻無法如願，而她竟然可以擁有這種幸福。如果我也跟她一樣已經結婚，或許就不會覺得聽起來像是在炫耀了。自己想要卻得不到手的時候，才會覺得對方的話聽起來像是在炫耀。 4

讓我們進一步來看看上述「靈魂打磨日記」中分析的部分。

①

回顧對方從大學畢業到現在，明明還有很多值得注意的地方，像是外貌、個性、工作等，但是為什麼自己會只看見對方「已經結婚生子」這一點呢？

這時候就能推論或許自己在內心深處對這一點有所執著。

在這個例子中，最後推測出來的結果是因為執著。不過**這個答案會因人而異，沒有什麼是唯一正確的，只要把想到的原因寫下來就行了。**

②

「煩」是一種負面情緒，背後就藏有打磨靈魂需要的學習。這時候就必須思考「為什麼自己會覺得煩？」，把想到的原因誠實地寫下來。

如果覺得煩是因為著急，接下來就進一步深入思考「為什麼會著急？」。

透過不斷問自己「為什麼？」，就能瞭解自己的潛意識。

3 針對自己內心堅信的既定觀念——「結婚＝女人的幸福」進一步去思考。**既定觀念通常來自於生活。**不妨對照自己的生活，找出既定觀念形成的原因。

4 誠實地寫出為什麼自己覺得對方是在炫耀。**可以把從中學到的東西以附加的方式寫下來，會有助於之後回過頭來檢視自己的成長。**

5 和 2 一樣深入去思考自己的負面情緒。

為什麼不覺得羨慕？

←

如果對結婚懷有憧憬，理當會羨慕對方才對。

↓

對於社群媒體上的人反而可以表現羨慕。

↓

或許正因為是自己身邊的人，所以才會感到嫉妒。

↓

※持續思考探索，直到沒有疑問為止

藉由冷靜分析自己的言行，即可從中獲得學習。

6

用跟 5 一樣的方式，針對自己為什麼感到心煩一步一步去探索，藉此瞭解自己的潛意識。

（對自己感到心煩的時候，很多都是因為用善惡觀念去判斷事物。事實上，這個世上本來就是善惡並存。詳細內容留待後續再做說明。）

7 我們通常會吸引和自己潛意識相同的事物靠近。可以從這一點去檢視為什麼會發生眼前的現實。

8 根據學到的東西，決定接下來自己的人生方針。

有的人一開始寫「靈魂打磨日記」的時候，可能會不知道該如何分析。因此，我在下一頁整理了一些分析的範例。

各位在寫日記的時候一旦發現自己的負面情緒，就可以參考這些例子去分析。分析沒有所謂的正確答案，即使同樣是執著的感受，有時候不同的人，甚至是不同的時間和場合，分析的內容都會不一樣。

這些分析範例不過只是給各位參考而已。

如果不清楚自己的感受、無法進行分析，可以暫時別去想它。過幾個月後自然會知道「啊！那天那件事是因為……」。

只要每天透過「靈魂打磨日記」檢視自己的言行背後的原因，自然會學會分析的方法。這一點請放心。

就算一開始進行得不順利也沒關係。

就先從養成寫「靈魂打磨日記」的習慣開始努力吧。

靈魂打磨日記分析範例

執著
認為少了〇〇就感受不到「幸福」。

嫉妒
覺得自己也辦得到。

憤怒
· 把自己的價值觀強加在對方身上。
· 有所期待。

不安
· 過去曾經受創或失敗。
· 沒有自信。

難過
表現出自己內心的恐懼。

煩躁
反映出對自己的負面感受。

自我否定
受「非得～」的想法所限制。

說人壞話
對自己的價值觀和意見沒有信心，害怕和別人不同。

抱怨、不滿
覺得很多事都是理所當然，無法從小地方體會到幸福。

STEP 4 決定接下來的行動

寫完「靈魂打磨日記」之後，接著就是根據學到的東西，決定接下來的行動。

如果獲得學習，卻沒有行動，現實一樣不會改變。

只是坐在家裡什麼都不做，人生當然會停滯不前。

接受↓學習↓改變潛意識↓行動。唯有透過這樣的過程，現實才會扭轉。

這個部分的具體方法是，在寫完「靈魂打磨日記」之後，再粗略地從頭看過一遍，然後在最後加上「結論」，以條列的方式寫下接下來自己的行動。

為了讓行動和實踐可以更容易，這時候最重要的是盡可能寫得具體一點。

整理範例

＊自己現在的人生過得並不精采。因為想要活得精采，所以才會對結婚產生執著。既然如此，就試著去尋找可以讓自己熱中沉迷的事物

➡報名之前一直很想上的廚藝課程。

現在馬上就來找課程！

＊與其嫉妒身邊的人，不如為自己的人生找到興趣，讓自己忙到沒有時間去在意對方的人生。

➡寫下每天的時間規劃，安排行程，讓自己過得很充實。

＊不要只想著追求結婚，而是認真看待眼前男人的心意。

➡研究男性心理學，讓自己可以站在對方的角度思考。

決定好行動方向之後，接著決定現在就能立刻進行的具體行動。

行動必須要是覺得對自己有幫助的才行！

人通常深受前世的影響

一旦真正開始打磨靈魂，煩惱就會漸漸浮現。

怎麼做都瘦不下來，肌膚乾燥問題遲遲無法改善，談戀愛總是失敗，人際關係不好等，各種煩惱相繼出現。

排解這些煩惱的關鍵，有時候其實在於「前世」。

人雖然會隨著每一次的輪迴轉世改變外貌，但是靈魂和前世是一樣的。

對什麼拿手、不擅長做什麼、個性、口頭禪等，很多時候其實都和前世有很深的關係。

以下是我的一些客戶的例子。

A和B各自都有不同的煩惱，為了找出原因，他們決定嘗試通靈。結果發現兩人都深受前世影響。

・A的狀況
煩惱↓受到來自父親的強大壓力

A的前世是個富家小姐，生活沒有壓力。因此在這一世，她必須學習如何在壓力下生存，因此才會感受到來自身邊的壓力。

・B的狀況
煩惱↓不管怎麼做都瘦不下來

B在前世一直受到另一半的照顧。
所以這一世的她才會有肥胖問題，為的是要學習如何照顧自己的健康。

由此這些例子可以知道，當現實中無法實現願望，有時候其實和前世有關。

不過從這兩個例子也可以知道，**人通常會被安排在最適合打磨自我靈魂的環境。**

（A面對壓力的反應，以及B對於自己的健康所做的努力，都是打磨靈魂的過程。）

以我來說，這一世最重要的學習是①瞭解時間概念，以及②規律生活（整理整頓）。

我從小學到高中就讀的學校一直都相當講求守時，認為「凡事都應該提早十分鐘準備」。

不只如此，上課時一旦老師開始講課，如果停下筆記，眼睛沒有看著老師聽講，馬上就會被警告。或者是天氣冷的時候，只要把手放在制服口袋裡，馬上就會被糾正「把手拿出來！」，管理相當嚴格。

除了學校，在家氣氛也很嚴謹，跟父親說話一定要用敬語。

以前我常在想，為什麼我身邊的每個人都那麼嚴格？為什麼每次都要因為區區小事被罵得狗血淋頭？

後來我才明白，這一切都是因為我在這一世必須學習瞭解時間概念和規律生活，所以才會身處在如此嚴謹的環境中去學習自律。

打磨靈魂可以讓人學習到受到前世影響而不得不學習的課題，自然地現實也會跟著改變。

我自己也是在經歷了打磨靈魂之後，環境才變得跟過去截然不同。

這是因為靈魂已經獲得學習，自然不再需要嚴格的環境和自律。

各位是否也覺得人生中有想改變卻無能為力的情況呢？例如：

「老是被劈腿……」

「遇到的學校和工作環境都很嚴格……」

「跟好朋友總是沒有緣分。」

就像玩電玩一樣，只要沒有過關，就必須一直從同樣的地方再重新開始。同樣的道理，除非從煩惱中獲得學習成長，否則只能再從頭經歷相同的情況。

眼前發生的事情，一切都是有意義的。

努力過好每一天，就是在打磨靈魂。

要告訴自己，無論是現在所處的環境，或是遇到的情況，都是最適合自己打磨靈魂的地方、最好的環境。

瞭解自己的靈魂特質

人來到這個世上是為了打磨靈魂。

這一點每個人都一樣。

在進行通靈對談的過程中，我經常會聽到「我比其他人更不會○○」，或是「別人都會○○，只有我不會」之類的困擾。其實這些都是不必要的煩惱。

每個人都是為了提升靈魂才來到這個世上，所以當然會有辦不到的事，也會經歷失敗。因為失敗也是靈魂成長不可或缺的過程，沒有必要為此感到沮喪。

別用失敗來解釋，不妨就把它當成是一次美好的靈魂體驗來看待。

根據靈魂在前世和這一世的經驗，每個人的能力也會有所差異。

假設你今年就算已經二十七歲，如果輪迴轉世的次數不多，比起經歷過好幾次轉世的十八歲年輕人，會做的事當然比你多。

不會或是不擅長，都只是因為靈魂的經驗比較少，絕對不是你的錯。

如果付出努力全力以赴，卻還是做不好，也只是因為你的靈魂不擅長這件事罷了。

對於靈魂不擅長的事，不要勉強自己去改變，也別讓自己因為辦不到而陷入自我厭惡的情緒，只要注意別影響到生活就行了。

相反的，靈魂拿手的事情就應該盡情發揮。

這麼做可以讓生活變得更得心應手。

懂得和自己的靈魂相處，理想的現實生活才會更快實現。

要想知道自己的靈魂擅長什麼、對什麼不拿手，不妨先針對自己的靈魂特質做瞭解。

想想看，有沒有什麼事情是你自己雖然不覺得，卻受到周遭人肯定的呢？或者是沒有付出太多努力，卻做得比別人好？

這些答案，就是你的靈魂擁有豐富經驗、擅長的事。

舉例來說，面對群眾可以侃侃而談、毫不緊張的人，是因為前世經歷過許多相同的經驗，已經習慣了。**如果可以把這項特質運用在工作上，做起事來會輕而易舉，相對地生活也會更充實。**

這類型的人通常都很適合擔任老師、主播或是司儀的工作。

相反的，前世經驗比較少的事情，無論再怎麼努力，結果都會不如預期。

對於已經盡力，卻還是做不好的事，只要不影響到生活就好了。

例如已經努力克服自己的緊張，卻還是不太會跟人聊天，這時候就沒有必要勉強自己去交際應酬或打入大家的圈子。

只要做到最基本的禮貌和常識就行了，例如打招呼。

另外，從小到大都沒有改變的部分，無論是好是壞，都是靈魂本身的個性。

人的價值觀和想法會隨著成長改變，但是靈魂的個性是受到前世經驗的影響，通常不會變。

既然如此，不如就**接受靈魂的個性，並且想辦法在日常生活中加以發揮。**好比從小「急性子」的人，就要想辦法別讓自己感到焦躁，例如盡量避免到人多的地方。

如果靈魂擁有「樂觀」的個性，就算遭遇失敗或挫折，也都能正面看待。所以這類型的人或許可以盡量去挑戰新的事物。

瞭解自己的靈魂個性，以及拿手和不擅長的事情，並且加以發揮，煩惱自然會消失，願望也會更容易實現。

探索靈魂特質的方法

①什麼是自己覺得沒什麼，但是卻做得比別人好的？

➡ 靈魂從前世到今世經歷過許多次的事

〈例〉

・面對群眾能夠毫不緊張地侃侃而談

・擅長管控進度　etc.

---

②哪些事情怎麼樣就是做不來？

➡ 靈魂從前世到今世鮮少經歷的事

〈例〉

・不會整理收納

・猶豫不決、優柔寡斷　etc.

---

③什麼是從小到大一直沒有改變的？

➡ 不論是好是壞，都是靈魂的個性

※靈魂的個性從小就不會改變，因此可以詢問父母自己小時候的個性，再對照現在的狀況，沒有改變的部分，應該就是靈魂的個性了。

〈例〉

・急性子

・積極樂觀

・不氣餒　etc.

不是只有好人才會實現願望

人不可能永遠樂觀。

有時候也會感到迷惘，也會有煩惱。

其實你並不需要一直正面積極。

不需要一直保持溫柔，也不必隨時隨地一直努力。

實現理想跟個性好壞沒有關係。

所以，

「得保持樂觀才行！」

「得當個完美的人！」

「得待人溫和！」

你沒有必要像這樣粉飾自己當個「模範生」。

這世上的所有事物都是善，但是換個角度，一切也都是惡。

例如，即便你覺得自己容易情緒化的個性很糟糕，認為自己「不好」，不過換個角度來看，這也是「優點」。

因為會情緒化的人，表示擁有一顆容易感動的心。

要明白這世上沒有善惡之分，別再勉強自己當個好人了。

如果用「惡」來看待自己和自己的言行，勉強自己變成「善」，就無法從沒有虛偽的真實「現實」學到任何成長，也無法達到打磨靈魂的目的。

因為，唯有毫不粉飾地面對現實，才有辦法打磨靈魂。

並非個性好，所以願望才得以實現。而是實現夢想的人，全都是毫不假裝、誠實面對自己的人。

因此記住，要誠實面對自己的心情。

就算做不到溫柔，就算悲觀消極，就算無法努力，就算懶散怠惰，都要包容原

原本本的自己。這一點很重要。

因為這並沒有什麼好壞之分。

一旦拋開善惡對錯的標準，你就不會再否定自己。這麼一來才有辦法開始打磨靈魂，加速實現理想的腳步。

不只如此，因為拋開了善惡的既定觀念，不再給自己和他人打分數，所以也會變得更自由，可以更快樂地活出自己的人生。

這種自由的心態，會讓你用更寬容的態度去看待他人的言行，開始為身邊的幸福祈禱並伸出援手。

這時候，自己的人生也會變得更輕鬆，靈魂不斷獲得打磨和學習。

下次當出現負面情緒的時候，別再用善惡判斷急著去粉飾自己，只要隨時問自己「現在我想怎麼做？」就行了。

part 2

快速實現
願望的方法

善用自己天生的配備

人天生下來擁有的外貌、聲音、氣質、說話方式、個性、擅長、不拿手的事、喜好等。

這一切都是有意義的，都是你實現願望不可或缺的東西。

應該不少人對自己都有「討厭」的部分吧。

每個人多少都有一兩個自卑的地方。

不過，**這些自己覺得「討厭」的部分，其實對打磨靈魂來說非常重要。**

每個人生下來都具備打磨靈魂需要的一切配備。

包括天生的外貌、喜歡的東西和討厭的東西等。

否定自己，等於自己拋棄這些配備，選擇另一條困難的道路去打磨靈魂。

即便羨慕他人的配備，不過這些對你打磨靈魂來說，說不定反而會成為自己的絆腳石。

對於這世上獨一無二的自己，要懂得去愛，擅用自己身上的配備。

有些人可以很快實現願望，因為他們懂得活用自己天生的配備。

反過來說，如果想盡早實現願望，就別使用自己沒有的東西。

這就是成功的祕訣。

人在實現願望的過程中，很容易會拿自己和他人比較，覺得「我不像對方○○，得想辦法才行！」，於是想盡辦法要彌補自己沒有的部分。

如果老是和他人比較，看見自己的缺乏而不斷彌補，靈魂只會停滯不前，永遠都無法獲得打磨和學習。

各位要明白一點，你並不缺乏實現願望所需要的一切。
只要善用自己天生的一切，願望會更快實現。

成功的祕訣

快速實現願望的人

善用自己天生的裝備
（所謂天生的裝備包括外貌、個性、喜歡的東西、討厭的東西等）

⬇

打磨靈魂

⬇

實現願望

遲遲無法實現願望的人

拿自己和他人比較，只顧著彌補自己缺乏的東西

⬇

愈是彌補，缺乏的東西愈多
或者
彌補不了自己的缺乏

⬇

無法打磨靈魂

⬇

願望無法實現

成功最大的祕訣就是，
不要只看見自己缺乏的部分！

有欲望才有豐收

能夠從小地方感受到快樂和感恩是件很棒的事。
只不過，這樣是不是也限制了自己的欲望了呢？
如果只是滿足於小事情，只會吸引來小小的好事發生。

「雖然現在薪水只有十六萬，不過畢竟是努力賺來的錢，還是要心存感恩。」

⬇因為感謝自己努力工作賺取十六萬的薪水，所以這樣的現實只會持續發生，不管是好是壞。

而且還會引發另一個現實：一旦不努力就賺不到錢。

「名牌雖然很好，但是用平價品也很幸福，要心存感恩。」

⬇ 由於只滿足於平價品的好，自然無法吸引買得起名牌的財富來靠近。

由以上例子可以知道，**如果透過感謝將無法實現願望的自己正當化，情況永遠不會改變。**

想要實現願望，切記別再正當化辦不到的自己，硬是告訴自己要感謝當下。

因為這麼做會阻礙願望實現。

感恩必須發自內心，而不是到處找理由，或是勉強自己。

「找到值得感恩的事」，可以讓人很快意識到「原來我也可以輕鬆擁有幸福！」「原來我這麼幸福！」。

因為透過發現這一點，顯意識就會開始懷抱希望。

只不過，潛意識並不會因此改變。

就算心存感恩，只要潛意識沒有改變，願望就不會實現。

願望不會因為心存感恩而實現，而是透過感恩得到學習，從學習中促使潛意識改變，連帶改變行動，願望才有辦法實現。

採取行動和心存感恩是一樣的。

因為行動象徵著「珍惜生命（時間）」的潛意識。

只要「打磨靈魂」，即便沒有刻意要求自己心存感恩，意思也等同於隨時懷有感恩的心。

因此，不需要去尋求值得感恩的事，而是要告訴自己「我要成為一個理所當然可以實現願望的人！」，用這種態度一步一步去打磨自己的靈魂。

「有願望」不代表不感恩當下，而是雖然對當下心存感恩，但是並不滿足。

要更誠實面對自己的這種心情才行。

既然不滿足，也就沒有必要勉強自己對小事情心存感恩。

「比起二十萬的薪水，我更想要一百萬！」
「比起努力，我更想自由快樂地工作！」
「只有王子般的對象才適合我！」
「比起迴轉壽司，我更想吃高級壽司！」

像這樣用「有更好的適合我」的心態去打磨自己的靈魂，別給自己的欲望設限，願望才會更快實現。

顧全自我與靈魂雙方的滿足

每個人都希望願望可以盡早實現。

這種時候就很容易為了實現願望而妥協。這是很危險的一件事。

我有個客戶，她一直遇不到對象，很擔心自己無法結婚。

因為太想趕快結婚了，最後她妥協與某個男子交往。對方雖然是個不錯的對象，但是她總覺得「好像哪裡不太對……」，為此一直感到心煩。

身邊的人都告訴她「這世上沒有完美的人，如果不稍做妥協，你永遠都結不了婚！」，讓她更感焦慮，於是來找我接受通靈對談。

「好像哪裡不太對……」這種說不出來的感覺，或是「雖然不知道為什麼，可是……」等發自內心的感覺，都是「靈魂的聲音」。

無視靈魂的聲音而妥協做出的決定，只是顯意識的行為。換言之只是出於「自我」（以這個例子來說就是想結婚的心情）的行為。

自我指的是「因為○○所以想～」等有附帶條件的心情。

如果因為虛榮或焦慮，或是在意他人的看法而以自我為優先，只會愈來愈聽不見無意識底下的靈魂聲音。

一直無視靈魂的聲音，凡事都以顯意識為優先，靈魂期望的理想也就愈來愈難有實現的一天。

上述的女子在接受通靈對談之後，決定聽從靈魂的聲音，放棄和對方交往，開始努力打磨自己的靈魂。

過沒多久，她就遇見「命中註定」的對象，交往才半年就順利步上紅毯。

這一切都是因為她聽從靈魂的聲音，最後才有辦法找到真正的幸福。

當現實不如意時，人都會想馬上改變。面對別人辦得到，自己卻做不到的事，自然會急著想找最快速的方法解決。

只不過在這種時候，不妨停下來認真想想「這真的是自己想要的嗎？」。

必須明確知道自己想要什麼，而不是因為看見他人幸福的模樣便急著追求。

如果只是拿自己跟他人比較，覺得「對方辦得到，我卻做不到」，這樣只會讓自己陷入執著，無法達到打磨靈魂的目的。

他人的靈魂和你的靈魂，無論是來到這個世上的目的，還是非做不可的學習，完全都不一樣。

因此，如果只看見他人的人生，永遠不會知道如何打磨自己的靈魂。

自己的願望必須從自己的人生獲得學習，才有可能實現。

想要實現願望，可以肯定的是，答案就隱藏在你自己的人生中。

不過，如果只是聽從靈魂的聲音，其實也不對。

最重要的是自我（欲望）和靈魂必須同時滿足才行。

因為，如果自我經常沒有獲得滿足，人會一直感到沒有滿足，漸漸地就再也聽不到靈魂的聲音。

換句話說，自私也沒有關係。

但是要切記別只想到自我。這一點很重要。

如果可以聽從靈魂的聲音去行動，自我自然可以獲得滿足。

只有聽從靈魂的聲音行動，願望才會實現，自我也才會跟著得到滿足。自我得到滿足，靈魂才能達到打磨的目的，繼續實現下一個願望。

也就是說，同時滿足自我和靈魂，才能更快實現理想的現實。

消除言行與心情的矛盾

有些客戶會告訴我「我討厭自己……」。

不過既然來找我進行通靈對談，就表示他們想為自己改變「現在」。

雖然嘴巴上說「討厭自己」，可是為了自己，還是會吃飯，還是會洗澡，還是會花錢。

這樣難道不是言行和心情的矛盾嗎？

如果真的討厭自己，應該什麼事都不想做才對。

沒錯，大部分的人其實還是最愛自己的。

只是不願意承認罷了。

「討厭自己」這種自尋煩惱的狀態本身，其實就代表對自己有多關心、有多愛自己。

因為如果打從心底討厭自己，根本不會關心自己，也不會因此感到困擾。

會感到困擾，就表示在乎自己。

這種言行和心情上的矛盾，是瞭解自己潛意識的一大關鍵，也可以透過這一點去打磨靈魂。

各位不妨多多去發覺日常生活中自己言行和心情上的矛盾。

一旦發現這種矛盾，就坦然接受它。

例如「討厭自己」。對於「你會因為這樣感到煩惱，就表示你有多在乎自己」的說法，很多人都會馬上反駁「才不是這樣！」。

我瞭解這種難以接受事實的心情。

只不過像這樣情緒化，就無法從中獲得學習，提升靈魂的經驗。

除非接受矛盾，才有辦法冷靜面對真實的自己。

言行和心情上的矛盾尤其容易出現在女性身上。例如：

*跟男朋友吵架說「我不想再見到你！」，但還是會在意對方的近況。

*嘴巴上說「我現在的錢就已經夠用了」，但還是會嫉妒有錢人。

*嘴巴上說「不羨慕」，私底下還是經常關注對方的社群媒體。

一旦發現自己有這種矛盾，就要思考「這或許表示我心裡其實～」，進一步去分析自己的潛意識，消除矛盾。

當言行不再和心情有所矛盾，打磨靈魂才會變得更順利。

遇到大難關是願望實現的前兆

在打磨靈魂的過程中，有時候會遭遇大難關，例如：

・跟男朋友分手
・跟好朋友漸行漸遠
・被迫離職　etc.

但是，說不定和男朋友分手是為了遇見真命天子；和朋友漸行漸遠是為了打磨靈魂而獲得提升；離職是為了實現自己想做的事。

願望在實現的過程中，都難免會像這樣遇到困難。

不管是分手或是做決定，當下多少都需要鼓起勇氣，或許還會心生抗拒。

只不過，實現願望就是邁向一個跟過去完全截然不同的新世界。變化本來就會伴隨著許多困難和意外。

對於未知的世界，有時候當然會有不安和恐懼。

但是這些都是理所當然的，不需要擔心。

這是每個人實現願望都會經歷的過程。

櫻花在春天滿開，然後凋落。

等到下一個春天來臨之際，又會再一次綻放美麗的花朵。

因為有醞釀期，所以才有辦法開出漂亮的花。

人也是一樣，經過「醞釀期」之後，願望終會實現。

每個人面對醞釀期的感受不同，但一樣的是，都會覺得這是一段「痛苦」的時期。

熬過這段醞釀期之後，接下來期待已久的夢想就會實現，例如遇見美好的邂逅，或是事業成功等。

我在打磨靈魂的過程中，也曾經幾度經歷痛苦的醞釀期。

＊在遇見真命天子之前

因為想和前男友復合而痛苦不已。

＊在被求婚之前

被迫必須做出人生的重要決定。

＊在決定寫書之前

為了接下來的事業方向感到掙扎。

醞釀期雖然痛苦，不過這也是願望快速發展的時期。

遭遇醞釀期，即表示「夢想即將實現」。

在這段期間，必須好好地打磨靈魂，抓緊機會。

撒下的種子未必都會開花結果。同樣的，如何度過醞釀期，也決定了夢想會如何實現。

「痛苦」的醞釀期有時會讓人陷入負面情緒而失去鬥志。

在這種時候，不妨把專注力擺在思考該如何度過這段時期。

這樣才有辦法在痛苦的醞釀期中繼續打磨靈魂。

在實現願望的過程中，難免會遭遇不如意。

這時候要切記，打磨靈魂不是為了避開不如意。打磨靈魂的最終目的，是為了實現願望。

實現願望的選擇愈多愈好

舉例來說，如果願望是想「療癒他人」，可以有很多選擇。

例如當個散文作家，寫文章療癒他人、用芳香精油療癒他人、用音樂療癒他人、透過心理諮商療癒他人等，方法非常多。

選擇愈多，難免會苦惱該用哪一種方法才好。

不過，其實**對靈魂來說，用哪一種方法都可以。**

願望可以很具體，例如「我想成為○○」。但是像是「我想拯救性命」、「我想透過食物滿足大家的心靈」、「我想透過流行時尚替女人找回快樂」等這種不明確的夢想，反而能夠更快實現。

這是因為當選擇太明確的時候，人通常都是透過顯意識在行動。這可能會使得靈魂無法發揮原本的能力。

除此之外也比較不容易接受其他選擇，無法有彈性地接受其他機會。

例如夢想「成為有錢人」。如果只是告訴自己「我要中樂透成為有錢人」，唯一的機會就只能等待樂透中獎。

但是，成為有錢人可以是中樂透，或者是事業賺大錢，或者是和有錢人結婚也說不定。

很多方法都可能實現「成為有錢人」的願望。

假設有十種方法可以實現願望，自己卻只堅持其中一種方法，相對地實現的機率自然會降低。

「我想成為〇〇！」這種明確的願望，還可能會引發顯意識的自我。

「雖然不知道為什麼，可是我想～」的這種曖昧不明的念頭，才真正是靈魂的聲音。

只要聽從靈魂的聲音行動，自我自然會得到滿足。
實現靈魂聲音的方法沒有限制，什麼都可以。
為數眾多的選擇，每一個都是實現靈魂聲音的方法。
各位不妨更有彈性地接受不同的選擇，別只堅持在單一方法上。
如此一來願望才能更快實現。

克服「停滯期」的方法

減重瘦身會遇到所謂的停滯期。

減重

←

遇到停滯期（瘦不下來）

←

克服停滯期，體型瘦得更完美

←

再度遭遇停滯期……

事實上，打磨靈魂一樣也有停滯期。

我有個客戶，接受通靈對談的時間持續長達約一年。

我為她提供了適合打磨靈魂的方法。

經過一段時間之後，她的潛意識漸漸改變，眼看自己的人生愈來愈精采，她相當開心。突然有一天，她告訴我最近不管做什麼都提不起勁，幾乎每天從早睡到晚……

看來她面臨到往下一個階段提升的停滯期了。

「心情莫名地煩躁」

「心情不好」

「做什麼都提不起勁」

像這樣精神不好的時候，通常就是打磨靈魂的停滯期。

停滯期會在靈魂往下一個階段提升之前出現。

出現的狀況因人而異，包括嗜睡、提不起勁、心情煩躁、情緒化等。生活雖然幸福滿足，但是心情和身體狀況卻不好。

為什麼會遭遇停滯期呢？

靈魂在經過打磨之後，會一步一步往新的階段邁進。

就像電玩遊戲一樣，每過一關，就會出現更強的敵人，增加過關的難度。同樣的，靈魂也會隨著不斷成長，變得愈來愈難提升。

換言之，停滯期就是必須更努力往下個階段提升的時期。

遇到停滯期也意味著自己正朝著願望順利實現的階段邁進。

停滯期其實只要掌握重點，很快地就能輕鬆克服。

那就是**暫時放棄「努力」**。

一般人在面臨停滯期的時候，通常會急著想做點什麼改善狀況，或是急著要克服。然而，在活力停滯的時候，不管做什麼都不會有好的結果。努力卻沒有結果，於是對自己失去信心，變得更慌張……就這樣陷入惡性循環。

在面對停滯期的時候，不妨暫時放棄嘗試新事物，先全心全意協助自己的靈魂。

協助靈魂的方法就是更認真地生活。

要睡得比平常好，均衡飲食，徹底做好打掃。

因為人在停滯期的時候，通常會感到不安和焦慮，只想逃避現實，什麼都不想面對，導致無法打磨靈魂，因此這時候更要規律地好好生活。

透過這樣，才有辦法在克服停滯期之後發揮靈魂全部的力量。

每個人在打磨靈魂的過程中，一定都會遭遇停滯期。

遇到停滯期不是什麼壞事，反而是表示自己正朝著願望順利實現的階段確實邁進。

雖然當下不太可能這麼想，但是它的確意味著自己的靈魂正在確實成長中。因此，下次再遭遇停滯期，不妨就開心面對吧（笑）。

停滯期協助靈魂的方法

* 早睡早起
* 起床後打開窗戶通風
* 打掃廁所
* 打掃衛浴
* 擦拭玄關
* 洗碗
* 鋪好床單
* 床上不要擺放任何東西
* 不要浪費食材
* 好好吃飯
* 淘汰老舊的東西
* 整理抽屜
* 整理書櫃
* 插花
* 聽放鬆音樂
* 燃燒芳香精油
* 婉拒不想參加的邀約
* 做自己喜歡的事

就用比平常更認真的態度好好生活吧。

愛惜身體才能實現願望

在打磨靈魂的過程中，必須投入和改變意識同樣的心力在維持身體健康上。

就算是運動神經再發達的人，也不可能一下子就成為職業運動選手。

擁有再好的運動能力，但是假設：

- 體力不好，無法應付練習
- 稍微動一下就累了
- 受不了嚴苛的練習
- 受傷

身體也會跟不上腳步。

打磨靈魂也是一樣，身體必須要能夠跟得上靈魂的提升。

說起來，人之所以能夠實現願望，都是因為擁有強健的身體。

上一節提到我有個客戶遭遇停滯期，做什麼都提不起勁，幾乎每天從早睡到晚。

這都是因為在靈魂不斷提升的過程中，身體跟不上腳步的緣故。

靈魂一旦提升，期待已久的夢想也會跟著實現。

在這個時候，身體會耗費許多能量。

舉例來說，假設夢想可以自己創業。一旦願望成真，相對的要做的事情會增加許多，變得非常忙碌也說不定。

或者，假設好不容易終於步上期待已久的紅毯，在擁有幸福的同時，說不定也要費盡心力去適應新的環境。

由此可知，當願望實現的時候，身體都必須耗費大量精力去應對。

因此，如果想提升靈魂，前提就是必須具備強健的身體。倘若身體不健康，可以說根本無法實現願望。

職業運動選手為了在比賽中可以發揮實力，平時都會注重自己的健康狀態。同樣的，做好健康管理，打磨靈魂的時候才有辦法充分發揮身體原本的能力。

不只如此，即便打磨靈魂使心靈變得再幸福，假設沒有健康的身體，什麼事也做不了。

由此可知，要想實現願望，健康的身體不可或缺。

如果可以把健康管理當成打磨靈魂的一部分來重視，實現更美好的現實也會變得指日可待。

身體健康管理表

- ☐ 攝取營養飲食　買青菜回來料理均衡飲食，喝水。
- ☐ 養成運動習慣　每天10分鐘
- ☐ 調整歪斜身體
- ☐ 每天找時間放鬆自己
- ☐ 確實休息
- ☐ 在自己的能力範圍內努力
- ☐ 做好壓力管理
- ☐ 維持頭髮與肌膚的健康光澤
- ☐ 做好手部保養
- ☐ 當天的疲勞當天消除
- ☐ 每天大笑一次

etc.

確實做好身體健康管理！

打從心裡讓自己成為最強大的幸運體質

迪士尼的《仙履奇緣》是許多女生的夢想。事實上，在這個故事中就隱藏著打磨靈魂最好的方法。

各位認為仙杜瑞拉為什麼可以在艱困的環境中，最後順利跟王子結婚呢？

是因為她很漂亮嗎？

還是因為她有一顆美麗的心？

或者是因為恰巧得到神仙教母的幫忙呢？

答案都不是。

其實是因為**她擁有「堅毅」的個性。**

仙杜瑞拉一直受到壞心的繼母和姊姊們的欺負。

如果換成是我，遭受這般對待，應該早就喪失自我肯定和樂觀，覺得自己不配參加王子的舞會，就算想去也去不了而放棄了。

但是，仙杜瑞拉卻堅持「一定要參加舞會！」，甚至連裙子都做好了。

因為她「相信自己一定可以參加舞會」。

如果可以像仙杜瑞拉一樣用「我一定可以實現願望」的堅定態度來打磨靈魂，一定會很順利。

即便過程中遭遇意外和不如意，但是因為相信「願望一定會實現」，自然都能冷靜看待。

各位不妨也抱著「願望一定會實現」的心態去努力吧。

不管實現願望的可能性有多高，如果自己先放棄希望，一切就結束了。

就算身邊的人都說辦不到，就算沒有人成功過，最重要的還是自己不能放棄。

仙杜瑞拉的裙子被繼母剪破之後，她因為「無法參加舞會」而難過落淚。這時候，神仙教母出現了。

後來因為穿上神仙教母給她的玻璃鞋，仙杜瑞拉最後才得以和王子結婚。

什麼時候會有什麼機會降臨，沒有人知道。

無論身處任何環境，無論遭遇何種狀況，都有可能實現願望。

願望要成真的時候，不管任何環境和狀況，機會都會出現，一口氣改變現實。

所以，不要放棄希望，要抱著「相信願望會實現」的堅定態度，持續地打磨靈魂。

只要這麼做，機會一定會到來，讓願望順利實現。

part 3

吸引財富的
靈魂打磨術

打磨靈魂如何帶來財富？

只要開始打磨靈魂，就算不追求財富，也會得到財神的眷顧。

因為**實現夢想必須用到錢**。

舉例來說，假設希望能夠「結婚」。

這種時候，就算空有「努力讓自己遇見完美另一半」的目標，如果沒有錢，努力的程度也有限。

有了錢才能出席各種遇見對象的場合，也可以參加結婚相關的講座、尋求戀愛諮商，甚至是做SPA或是美髮沙龍，讓自己的外貌變得更美麗。

金錢就是實現夢想的「入門票」。

先冒昧問各位一個問題：

你是真的想要「錢」嗎？

錢如果不用，就只是一張紙罷了。
你是真的想要「錢」這個東西嗎？
或者，你是因為想做什麼，所以才想要錢？
請各位認真想想，自己究竟真正想要什麼？

* 想搭計程車輕鬆地移動
* 想變得更漂亮
* 想不看價錢買東西，體驗購物的樂趣
* 想品味高級餐廳的美食
* 想出國旅行

＊想擁有一個漂亮的家

之所以「渴望金錢」，應該都是因為背後有想實現的夢想吧。

也就是說，你真正想要的並不是金錢，而是「自己的夢想」。

當你愈渴望金錢，潛意識就愈會告訴自己「我沒有錢」，自然不會吸引來財富。

因此，重點不應該是金錢本身，而是金錢背後的那個夢想——「自己想用錢得到什麼？」。以此為焦點去打磨靈魂，財富自然會主動找上門。

「你想打造什麼樣的人生？」先瞭解自己的夢想，然後朝著實現的目標，努力打磨自己的靈魂。

這麼一來就不會再執著於金錢本身。在打磨靈魂的過程中，實現夢想需要的「入場券」——金錢，總有一天會主動找上門。

假設各位覺得自己現在的財運不佳，可能表示你現在的狀態還無法實現夢想。這個時候你該做的是，繼續為了實現夢想打磨靈魂，吸引財富主動來靠近。

當靈魂透過打磨提升到足以實現夢想的時候，實現夢想所需要的財富自然會出現。

有可能是現金，也有可能是來自他人的贈禮。各種形式都有可能。

既然金錢會伴隨著夢想的實現自然出現，就無須為錢煩惱，只要以實現夢想為目標專注地打磨自己的靈魂就行了。

實現不需要為錢煩惱的生活

「我意外得到三百萬！」

「我的副業成功賺大錢，所以就把工作辭掉了！」

「花出去的錢馬上又賺回來了！」

很多客戶都會跟我分享他們打磨靈魂得到的回饋。

我自己原本在打磨靈魂之前，生活一直過得很拮据，錢包裡永遠只有零錢。

那時候我總是限制自己「這樣就好」、「不能再亂花錢了」。可是，這麼做等於告訴自己「我不需要錢」。

換言之，是我自己把財富往外推。

結果導致自己永遠都在為錢煩惱。

現在，我每個月的收入是以前的四十倍，擁有再也不必為錢煩惱的生活。

實現不必為錢煩惱的生活最有效的方法，就是體驗有錢人的生活。

「有錢人為什麼吃一頓就要花好幾萬？好浪費。」

「明明有平價又可愛的可以用，沒有必要刻意買昂貴的高級品吧。」

拋開這些想法，學習用有錢人的方式去思考，把有錢人的觀念灌輸到自己身上。

同時還要把有錢人花錢的方式，想辦法套用到自己的生活中。

這麼一來，靈魂的經驗才會跟著提升，促使潛意識產生變化，靈魂自然會過起「有錢的生活」。

不過，雖說體驗有錢人的生活是最好的方法，但是假使在潛意識改變之前就先花光身邊所有的錢，將會導致生活陷入危機。

因此，切記在自己可以維持生活的範圍內去嘗試，而不是有多少錢就花多少。可以把這些錢當成是「靈魂的學費」，這麼一來也能加快潛意識改變。

下一頁是我的一些客戶實際嘗試過覺得有用的方法，包括「如何灌輸自己有錢人的觀念」，以及「體驗有錢人的推薦方法」。

各位不妨可以多加參考。

吸引財富的方法

灌輸自己有錢人的觀念

＊ 和有錢人聊天
＊ 閱讀富豪自傳或訪談
＊ 參加賺錢達人的講座
＊ 透過YouTube瀏覽有錢人的生活影片
＊ 追蹤上流名人的Instagram　etc.

體驗有錢人的生活方式

＊ 上高級餐廳用餐
＊ 在能力範圍內購買名牌精品
＊ 增加花大錢的日子
＊ 不因為便宜而買東西
＊ 喜歡的東西再貴也要買
＊ 偶爾改搭計程車
＊ 改掉覺得浪費的想法　etc.

在不影響生計的範圍內，
盡情地去嘗試吧！

不說有錢人的壞話

前面內容中提到，一旦執著於金錢，只會吸引來沒有錢的現實。「討厭有錢人」也是一樣，同樣會吸引來不受財神眷顧的現實。

說有錢人的壞話，等於在說「我討厭錢」。

換言之，說有錢人的壞話，等於對將來抱著「我就算當不了有錢人也無所謂」的想法。

除非改掉說有錢人壞話的習慣，否則財富永遠不會找上門。

在開始打磨靈魂之前，各位不妨先分析思考自己為什麼會說有錢人的壞話。

人通常會喜歡跟自己相同頻率的人。

倘若散發出憎惡、害怕、難過的頻率，就會吸引來擁有負面頻率的人事物。

相反的，散發出開心、快樂、幸福的頻率時，也會吸引來充滿開心和幸福的人，或是會帶來雀躍和感恩的事情。

如果無法瞭解有錢人的心態，覺得自己跟有錢人格格不入，自然就無法擁有和有錢人同樣的頻率。

也就是說，你的潛意識會告訴你「就算當不了有錢人也無所謂」。

這種想法由於來自無意識，所以自己根本不會發覺。

也因為是無意識的想法，因此這種說不上來的疏離感才會變成說出口的壞話。

要想擁有和有錢人相同的頻率，最重要的一點是必須先改掉說有錢人壞話的習慣。

接著可以盡量多接觸、學習有錢人的價值觀和想法。

等到可以理解有錢人的價值觀和想法之後，自己的頻率也會漸漸變得和有錢人一樣。

另外要切記，除了有錢人之外，也要多認識可以幫忙自己靈魂成長的人。

說人壞話等於放棄學習對方的機會，這對打磨靈魂來說一點幫助也沒有。

就算感到憤怒，也不能口出惡言，應該思考「自己可以從中學到什麼？」「這背後藏有什麼訊息？」，專注在打磨自己的靈魂上。

口出惡言只是百害而無一利。

人生中遇見的每一個人，都是自己打磨靈魂的「教材」。

錢花掉不等於失去

很多人花錢的時候都會覺得：

「唉，錢又沒了……」

錢花得愈多，身邊的錢就愈少，當然會讓人覺得「錢沒了」。

但是，其實錢不是消失了，只是在循環罷了。

花掉的錢並不會「失去」，到頭來還是會回到自己身上。

有可能是變成薪水，或者說不定來自某人的贈禮。

例如有人送你一直很想要的包包，這等於自己不花一毛錢就實現願望。

這也是吸引財富的一種形式。

財富會以何種方式返回自己身上，一切全看你自己。

就好比投資了一萬，最後是賠錢還是賺了十萬，全看你自己的本事。

同樣的道理，**財富回到自己身上的時候是以正面的方式，還是負面的方式，一切決定在你自己身上。**

那麼，怎麼做才能讓財富以正面的方式回到自己身上呢？

答案是**把一部分的錢用在能夠發揮自己靈魂能力的事情上，藉此協助其他靈魂的成長。**

舉例來說，假設靈魂擅長下廚：

- **把錢花在增進自己的廚藝**⬇報名廚藝課程，到知名餐廳品味美食以增進自己的廚藝等。

- **運用自己的廚藝協助其他靈魂成長**⬇傳授廚藝、研發健康為取向的料理並分享在社群媒體上等。

在這個地球上，所有靈魂都是靠著互相協助來獲得成長。

就像工作可以換取薪資一樣，如果能夠為其他靈魂提供想法和學習，為此花出去的錢，最後都會以正面的形式回到自己身上。

錢當然可以用來滿足自己的欲望，但是如果可以把其中一部分用來打磨自己的靈魂，並且幫助其他靈魂成長，花出去的錢最後都會以倍數回到自己身上。

拋開「喜歡節省的自己」的想法

我以前相當節省。

因為只要被誇獎「很懂得節省」，我就會很開心。

我自以為「懂得節省＝很居家＝好女人」。

換言之，我是自己主動找機會節省，藉此滿足自己的想法。

生活如果沒有窮困到需要為錢煩惱，其實根本不需要節省。

之所以過著節省的生活，前提是因為覺得「錢會花光」。

假使認為「錢會以倍數回到自己身邊」，就算是再小的錢，也會謹慎思考之後再做運用。

節省不是壞事，而且也可以做到金錢管理，所以有時候也算是人的優點之一。

只不過，如果打從心底「喜歡節省的自己」，為了保持這樣的自己，只會吸引來不得不節省的機會發生。

各位如果也是如此，不妨先深入思考為什麼「喜歡節省的自己」？

有錢人之所以有錢，是因為他們從來不認為「錢會花光」，因此自然不會吸引來為錢煩惱的情況。

所以，拋開「喜歡節省的自己」的想法吧，告訴自己「錢會不斷來來去去，不會花光」。

靈魂同樣也能透過金錢得到許多學習。

這世上沒有昂貴的東西

如果有「昂貴」的想法，就算好不容易遇到提升靈魂能力的機會，也會因為要花錢而猶豫不決。

但是就像前面說過的，花錢提升靈魂的能力，並藉此幫助其他靈魂成長，會讓自己的財富源源不斷。因此遇到這種機會，一定要毫不猶豫先做投資。

在這之前很重要的一點是，要先灌輸自己「這個世上沒有昂貴的東西」的觀念。

假設覺得「水費太貴了！我不要付！」。

如果真的不付水費，家裡只會沒水可用。

家裡沒水，只好到超市買水，或是誇張一點自己到山上取水。
洗澡也沒有水可以用，只能把買來的水或是從山上運回來的水加熱使用。
這種生活實在相當不方便。

假設看到一件漂亮的衣服。
你衣服要價三萬太貴了，不想買。
但是，如果要自己做一件衣服，必須先找到布料。
光是找布料就是一件耗時費力的事。
除此之外，一般人也沒有技術可以做出和市面上販售的衣服一樣的品質。
從這幾點來看，花三萬買到一件衣服實在是太便宜了。

事實上，**這個世上根本沒有什麼昂貴的東西**。
對於自己辦不到的事情，只要花錢就能省下浪費時間、精力和更多的花費，根本是只賺不賠。

拋開「昂貴」的想法，對於可以提升自己靈魂能力的事物，就毫不猶豫地花錢去嘗試吧。

就像前面說過的，只要利用提升後的靈魂能力去幫助更多人的靈魂成長，財富將會以倍數回到自己身上。

花錢要出於真心

「為他人花錢」可以增加自己的財運。
只不過，最後回到自己身上的錢不一定會變多。
這是一種投資，最後有可能變多，也有可能變少。
以買股票為例，事前一定要先瞭解該公司是否值得信賴。
同樣的，是否要為「某人」花錢（自己的能量），一定要事先考慮清楚。
並不是為他人花錢就行了，必須徹底瞭解對方才行。
沒有先做瞭解就在他人身上花錢，等於不重視自己的東西。
根據前面提過的業報法則，自己做過的行為，最後都會回到自己身上。

假使不重視自己，同樣的也不會受到他人的重視。

「因為擔心被討厭……」

「其實不想這麼做……」

一旦有這種感覺，最好就別在他人身上花錢。

另外，如果懷著「這都是為了最後可以得到倍數的財富」的居心，最後錢也不會回來。

金錢的循環，只有在出於真心的情況下才會發生。

在自己沒有餘力的時候，很難會出於真心。

這時候通常無法開心地把錢花在他人身上，很容易會懷有居心，希望「錢會以倍數回來」。

因此，建議大家可以先試著把錢花在「會讓自己心情好的事情」上，讓自己心有餘裕。例如：

＊太累就改搭計程車
＊不勉強自己下廚，改吃外食
＊忙碌的時候找居家清潔公司代勞家事
＊只買自己真心喜歡的東西

像這樣只把錢花在會讓自己心情好的事情上。這一點非常重要。

花錢去不想參加的聚會，或是因為便宜而花錢購買並非真心喜歡的東西等，諸如此類的情況，其實在生活中相當常見。

花錢不光是為了他人，同時也是出於自己的真心，這才是增加財運的祕訣。

當自己有餘力的時候，才能開心地把錢花在他人身上，財富也才會返回自己身上。

我就真的用這種方法，曾經在短短一個月內增加了五百萬的收入。

方。

因此，別再想著錢會花光了。要隨時提醒自己，把錢用在自己會真心感謝的地方。

財富會隨著〇〇變少而增加

獲得財富的時候，同時也會得到金錢以外的「某樣東西」。

例如可能會遭人妒嫉。

或者是惹來他人的怨憤，認為憑什麼只有你可以。

隨著財富增加，連帶地可能也會帶來這種「討厭」的感覺。

換言之，如果抗拒這些「討厭」的事，擁有財富的機會便會跟著減少。

相反的，**如果告訴自己「我可以接受一切，即便是討厭的事」，就更有機會可以獲得財富。**

沒有人知道財富會在什麼情況下出現。

財富會在對的時機點，以對的方式出現。

這種時候，如果自己「討厭」的事情愈多而心生抗拒，等於限制了財富出現的形式和時機。

舉例來說，假設財富會以十種不同的形式降臨。

如果對其中的八種形式心生抗拒，獲得財富的機會就只剩下兩個。

但是，如果心中毫無抗拒，就有十個機會可以擁有財富。

由此可知，「討厭」的感覺愈少，增加財富的機會才會愈多，讓自己更快成為有錢人。

「討厭」的感受愈多，等於是在說自己「討厭擁有財富」。

即便是討厭的事，也都是讓自己增加財富的機會。

機會永遠存在。

不要抗拒任何事情，給自己更多擁有財富的機會吧。

part 4

吸引幸福戀愛的
靈魂打磨術

何謂命定之人？

「我想遇見命定之人。」
「什麼時候才能遇見命定之人呢？」
「和命定之人結婚就能過著幸福快樂的日子。」

相信每個人都曾經夢想遇見命中註定的那個人。

很多人都渴望可以遇見命定之人，不過事實上，**各位其實早已經和命定之人相遇了。**

多數人都以為「命定之人＝戀人或結婚對象」，其實所謂的命定之人（改變你命運的人），指的是你遇到的每一個人。

家人也是你的命定之人。

這到底是什麼意思呢？

打磨靈魂需要夥伴。

就像電影故事不能只有英雄一樣，人生要能夠繼續走下去，也需要自己以外的其他人。

這當中當然也會有壞人。

不過就算是壞人，同樣是你人生中不可或缺的角色之一。

仙杜瑞拉也是一樣，正因為有壞心的繼母，她才能夠遇見神仙教母，得到玻璃鞋，最後與王子結婚。

同樣的，即便是傷害你的人，或是讓你難過的人，都是促使你的人生變得更幸福的幸運之人。

之所以想遇見命定之人，是因為想擁有幸福。

既然如此，在你人生故事中登場的每一個人，當然全都是你的命定之人。

遇見人生伴侶的方法

上一節提到，人生中遇見的每個人，都是自己的命定之人。不過，大部分女性想遇到的，應該都是那獨一無二的人生伴侶吧。

遇見打從心底彼此信賴、珍惜的人生伴侶，也可以提升打磨靈魂的速度。

要想遇見這樣的人生伴侶，最後一起走上紅毯，最好的方法就是「活出自我」。

以下是我一位客戶的故事。

她原本有個交往三年的男朋友。

這一對原本感情穩定、羨煞旁人的情侶，最後卻因為男生的劈腿而劃下休止符。

我的這位客戶的前一段感情，也是因為對方劈腿而結束的。

意思就是說，同樣的事情在她身上一再發生。

聽完她的故事之後，我立即就知道原因。

這一切都是因為她不管做任何事，都是以對方為出發點，完全不是為自己而活。

「無法活出自己」就沒有辦法面對自己，對打磨靈魂來說只會變得更困難。

所以靈魂才會選擇分手。

一再被劈腿、被忽視，感情路走得跌跌撞撞……

像這樣即使交往對象不同，卻一再發生同樣情況，很多時候都是因為「沒有活出自己」所造成。

後來，我建議她別再為別人著想了，要真心為自己著想才行。

於是她開始努力「活出自己」，包括：

・安排自己想做的事，不再配合他人的行程。
・把自己的感覺擺第一，不再優先考慮他人的感受。
・開始去做之前為了男朋友而放棄的事。

一旦可以開始活出自己的人生，靈魂才會跟著提升和成長。

就在她努力打磨靈魂過了一個月之後，馬上就遇見人生伴侶，兩人以結婚為前提開始交往。

這一切都是因為她努力為自己而活，不再只想到他人，所以才能在短短一個月內就遇見人生伴侶。

要想遇見重要的人生伴侶並且步入禮堂，最重要的是要先活出自己。

如果不能活出自己，只會對自己愈來愈陌生，就連自己喜歡什麼樣的人、想擁有什麼樣的愛情、希望和另一半擁有什麼樣的人生等，全部都一無所知。

只不過，「活出自己」其實並不簡單。

大家可以先檢視自己是不是為他人而活。

你是不是像以下一樣會根據他人的反應來決定自己的行動呢？

・因為難以拒絕，只好答應聚餐。

・害怕對方的反應而選擇不說出自己的意見。

・擔心另一半不開心，所以婉拒和朋友一起出遊。

・在意社群媒體上的按讚數。

先聽聽靈魂的聲音，瞭解自己真正的想法之後，再決定怎麼做吧。

另外，由於戀愛是兩個人的事，所以出於虛榮和不足的想法而沒有考慮到兩人幸福的願望，是不會實現的。

「希望對方幸福。」

「只要找到對象就一定能找到幸福。」

各位要小心這種念頭，因為這表示自己已經放棄「活出自我」，把自己人生的責任強壓在對方身上。

把自己的幸福交給對方只會讓自己變得依賴，失去打磨靈魂的動力，靈魂變得愈來愈難以提升。

打磨靈魂是我們來到這個世上的目的，如果把自己的幸福交給對方，願望永遠不會有實現的一天。

這麼一來就算遇見人生伴侶，這段關係也會遇到許多困難和試煉。

從現在開始，就專心活出自我、聽從靈魂的聲音吧。

只要這麼做，一定可以在不久的將來，遇見你的人生伴侶。

女人因為接受而被愛

這個世上有所謂的「凹凸法則」。

男為凸，女為凹。男人和女人透過凹凸法則自然達到和諧。

換言之，感情關係原本應該都是幸福的。

但是，一旦某一方扭曲了這種自然狀態，例如戴假面具或勉強自己，感情關係就會失去協調。

感情關係最重要的是：「如果這一世生為女人（凹），就要知道『凹』的角色該做的事；生為男人（凸），就要知道『凸』的角色該做的事。」

女人的角色就是「接受」，男人的角色就是「給予」。

這是所有靈魂的共通點。

不過，其中還是有部分女人不擅長接受。她們對於接受男人的給予會有罪惡感，或者是對無條件被愛心有抗拒。

接受不是什麼壞事，甚至女人的「接受」還能滿足男人的內心。

確實接受對方的能量，也是對於負責「給予」的男性的一種反饋。

「我為他付出了那麼多，他卻……」

很多女人都有這種煩惱。

這種時候，何不就放棄付出呢？

接受是女人的天性，不斷付出（給予）才是違反天性的行為，有時候會導致男女關係失去協調（凹凸）。

什麼都不用做，就讓自己被愛吧。

什麼都不用做，就接受對方的給予吧。

只要更無條件地被愛就行了。

男人都想為女人付出。

「我只要無條件地被愛就行了。」

當女人如此解放自己之後，就能感受到前所未有被愛的感覺。

雖說女人最重要的是接受，但是同時也別忘了要給予。

很矛盾對吧。

事實上，接受也等於是給予。

當個接受的人
⬅
獲得多到滿出來的愛
⬅
將多餘的愛分給身邊的人（給予）

讓自己和身邊的人都變得更幸福

「接受」和「給予」就像硬幣的正反兩面，兩者既是分開，也是一體。

男人（凸）給予↓並且接受對方的喜悅和幸福
女人（凹）接受↓並且將滿溢的幸福給予他人

先有雞還是先有蛋的問題，其實只是起點不同罷了。
靈魂必須先從最初的狀態開始學習。
身為女人，只要無條件接受就行了。
所以就讓自己先當個懂得接受的女人吧。

器量愈大，才能接受更多的愛

偉大的愛具備許多能量。

一個人可以獲得多少能量，就看自己可以承受的程度。

比起小杯子，大水桶可以裝得下更多水。

同樣的道理，**器量愈大，就能接受愈多的愛。**

兩人交往或是結婚，除了幸福以外，也會遭遇艱困的難關，以及必須共同克服的事情。

如果擁有足以承擔這一切的器量，相對地也會得到更多幸福（能量）。

器量會讓人接受不同的價值觀，進而獲得更多成長。

靈魂如果能接受更多不同的價值觀，自然就不會再用單純的善惡來判斷事物，會知道「痛苦和難過不是什麼壞事，有時候也會帶來幸福」，讓自己的器量變得更大。

器量愈大，相對地也能接受更多的愛。

因此大家不妨透過打磨靈魂，讓靈魂吸收更多不同的價值觀。

至於該怎麼做，各位可以在打磨靈魂的時候提醒自己：

*把不同於自己的價值觀當成另一種選擇去接受它，而不是否定。

*多接觸、瞭解他人的想法。

*廣泛閱讀。

*凡事用邏輯去判斷，不要感情用事。

*不做「好」或「壞」的單一思考，保留灰色地帶。

＊瞭解人生必須「活出自我」，同時也要「放棄自我」。

面對發生的事情，是幸福抑或不幸，全憑自己的心態。
「接受人生中的一切，因為任何事情都可以帶來幸福！」
就用這股強韌，盡情地去接受更多的愛吧。

戀情不順遂的原因

「始終遇不到對象……」

「老是和男朋友處不來……」

有這種煩惱的人，很可能有「潛在的厭男症」。

即便感受得到的顯意識告訴自己：

「想遇見對象。」

「希望和男朋友關係變得更好。」

「想結婚。」

但是由於無意識的潛意識中認為「男人很討厭」，所以自然無法實現心中的願望。

「潛在的厭男症」可以分為①**報復型**，以及②**抗拒型**兩大類型。不論是哪一種，都是因為小時候不受父親肯定而感到孤單，導致內心沒有得到滿足，或是曾經因為男人而受傷的緣故。

接下來讓我們一一來分析這兩種類型。

①報復型

缺乏滿足的心靈或受過的傷沒有得到平復，因此造成對男人產生報復的心態。由於是出於報復的心態，所以這類型的人**通常男人緣都不錯**。雖然懂得和男人相處，但是不知為何總是會跟男性友人吵架，或是和男朋友感情不好，同樣的情況一再發生。

②抗拒型

缺乏滿足的心靈或曾經受傷的經驗，導致在無意識間開始拒絕男人。

這種心態會造成自己遲遲沒有機會遇到對象，或是遇到引發自己厭男症發作的事情。

雖然「想談戀愛」、「想結婚」，但總是下意識地會逃避男人。

這兩種類型的人，最好先平復靈魂曾經受過的傷，治好潛意識的厭男症。

透過「靈魂打磨日記」深入過去來平復傷口，也是很有效的辦法之一。

只要克服「潛在的厭男症」，遇見對象的機會就會愈來愈多，和另一半的關係也會變得更親密。

治療潛在厭男症靈魂的方法

報復型

・把過去一直壓抑在內心，從小經歷過的孤單表現出來。
（寫下來，或是跟真心信賴的朋友聊聊等。）

・回想自己和任何異性，包括父親、男朋友、男性友人等之間發生的事情和對話當中，印象最深刻的事及當下的感受，並且接受它。
（坦然地接受它，不要否定自己，也不做對錯判斷。）

・隨時用包容的心對待自己和異性。
（想愈多只會增加怨懟，不如經常告訴自己「算了沒關係！」。）

抗拒型

・多接觸完美情侶，扭轉自己對異性的負面印象。
（和感情好的情侶聊天，或是追蹤Instagram上的戀人。）

・只聽關於戀愛和婚姻的好。
（拋開妒嫉坦然地傾聽他人的分享。如果會嫉妒身邊的人，可以改看愛情相關的電影或戲劇、漫畫等。）

・盡其所能地去修復自己和父親的關係。
（透過寫信或LINE、共同出遊、聊天等方式。）

人因為打磨彼此的靈魂而結合

「希望喜歡的那個人也可以喜歡我。」

「希望他能改變。」

談戀愛時會有這種「希望～」的心情是很自然的。

不管任何人都會有這種「希望對方照自己想的去做」的心情，尤其是對重要、喜歡的人。這絕對不是什麼壞事。

只不過，光靠心靈的力量是無法控制對方的。

戀愛是兩個靈魂之間的緣分，兩人的相遇和結合，都是為了促使彼此的靈魂成長。

因此，如果為了滿足自己而控制對方，兩人的關係只會日漸惡化，包括經常吵架、漸漸失去聯絡、態度變冷淡等。

如果兩人的關係變得不再親密，不妨回頭想想自己是不是已經忘了兩人當初相遇的目的——打磨彼此的靈魂。

對方是你打磨靈魂的夥伴，並非為了滿足你的欲望而存在。

而你也是對方打磨靈魂的夥伴。

從對方的言行中獲得學習，使自己的靈魂成長。這才是重點。

何不就把對方當成是自己的靈魂導師。

舉例來說，假設對方失信於你。

這時候你當然會難過、會生氣。

這種時候，你要做的不是別在意自己的感受，而是要進一步去分析「為什麼我會難過和生氣？」，從中得到學習。

例如：

①你認為對方應該知道「遵守約定是應該的」。
可能是因為對方打破你的原則，所以你才會這麼生氣。

②或許是因為原本以為「他是個會遵守約定的人」，但是他卻不如期待，所以自己才會這麼難過。

就跟寫「靈魂打磨日記」的方法一樣，要從自己去接受事實，並且一步步探究自己為什麼會有這種感受，直到不再有疑問為止。

接下來就是從中獲得學習。

①你認為對方應該知道「遵守約定是應該的」。
可能是因為對方打破你的原則，所以你才會這麼生氣。

⬇我有我的價值觀，他也有他的價值觀。就算沒有遵守約定，也不表示就是他不對。但是對於他不遵守約定的行為，就算我生氣或不開心，甚至是提出分手，也都是我的自由。**最重要的是在自由當中能否對自己的行為負責。**

②或許是因為原本以為「他是個會遵守約定的人」，但是他卻不如期待，所以自己才會這麼難過。

⬇自己忘了「對方不是為了因應我的期待而存在」。是否要迎合我的期待，都是他的選擇。最近自己因為害怕被討厭，不管做什麼都配合他，**已經變得無法照自己想的去做了。從現在開始，我要照自己的想法去選擇。**

感情關係會加速靈魂成長。

用「讓自己和對方的靈魂都能獲得成長」的心態去經營感情，一定可以實現理想的兩人關係。

告別被劈腿命運

每個人都希望得到所愛的人專一的愛。

如果想著「希望對方不要劈腿」，只會吸引來同樣心態的人，最後兩人的關係只會變得彼此互相要求。

相反的，如果告訴自己「我會專心愛著對方，不會劈腿」，就會吸引來同樣心態的人，擁有一段彼此自律的關係。

潛意識會決定發生在自己身上的現實。

如果想擁有一段不會被劈腿的感情，可以照著以下的步驟先改變自己的潛意識。

①瞭解幸福掌握在自己手中的道理

「希望可以得到對方專一的愛，不會被劈腿。」

這種想法的背後，通常都隱藏著「害怕失去對方」的恐懼。

感到擔心、寂寞的時候，表示你忽略了自己靈魂的聲音。

如果可以從潛意識就知道「幸福掌握在自己手中」，就不會擔心幸福會因為對方而消失，也就不會再害怕失去對方了。

因此，首先第一步要做的就是，把原本擺在對方身上的注意力，重新放回自己身上。

接著是把時間和金錢等能量，運用在自己身上。

透過這樣，可以聽到過去不曾發現的靈魂的聲音。

傾聽自己靈魂的聲音，**靠自己滿足自己之後，就能擁有獨立，不再擔心害怕，**

知道「幸福操之在己」。

②不對對方抱有「要求的期待」

「希望對方～」的這種期待，其實不是什麼壞事。

只不過，如果經常有所要求，自己的心情很容易就會受到對方的言行左右。

在瞭解前一項「幸福操之在己」的道理之後，就能用輕鬆的心情去看待對方的行為，例如「如果他為我～，我會很高興」。

一旦對對方不再有所求，選擇的依據自然可以從對方回到自己身上，使靈魂得到打磨，實現夢想中的戀愛關係。

因此，別再抱著「要求的期待」去希望對方為你做什麼了。

只要打磨靈魂，瞭解「幸福操之在己」的道理，自然不會再對對方懷有任何「要求的期待」，也就不必再刻意勉強自己「不抱期待」了。

只要提醒自己隨時別忘了打磨靈魂就夠了。

③不求回報地愛著對方

接下來就是不求回報地愛著對方。

也就是真心為對方付出。

舉例來說，當對方不喜歡你的禮物時，你之所以會難過和焦躁，是因為你期待對方「收到禮物會很開心」。

其實重要的是，就算對方不喜歡，你也要告訴自己「我只是單純想送東西給他，只要他收下，我就開心了」。

只不過，看到對方不開心，只要是人，當然都會感到失望。

這時候重要的是就算失望，也要馬上放下，輕鬆地告訴自己「算了！反正我只是想送東西給他而已」。

每個靈魂都需要學習怎麼去愛，所以不求回報地為對方付出，也是打磨靈魂的方法之一。

促使靈魂更親密的方法

各位是否有過這種經驗呢？才剛想起朋友，對方就正巧打電話來；或是和身邊的人同時想到同一件事。

其實這都是因為你的潛意識和對方的潛意識相通，所以才會出現這種現象。

我們每個人的潛意識都是相通的。

尤其是和身邊的人，潛意識更容易產生共鳴。

換言之，你在潛意識中對對方的心意，也會傳達到對方的潛意識。

舉例來說，假設你拜託對方一件事。

結果對方做得不如你的預期，讓你心裡很不開心。

顯意識的你認為「他已經盡力了，得謝謝他才行」，於是向對方道謝。但是你的潛意識其實一點也不開心，完全不覺得感激。反而覺得「早知道就自己來就好……」。

這種時候，對方的潛意識也會感受到你的心情。

不管表面上說得再好聽，對方還是接收得到你潛意識的真心話。

相反的，就算顯意識不覺得感激，但只要潛意識存有感恩，對方的潛意識同樣感受得到。

只要潛意識彼此相愛，兩人的靈魂也會變得更親密。

有些情侶雖然經常吵架，卻「莫名地」還是想跟對方在一起。這通常都是因為兩人的靈魂相當緊密。

反過來說，如果再怎麼努力、祈禱，卻還是沒有緣分，就表示兩人的靈魂並不適合在一起。

緣分是無法用感情來控制的。

因為光靠「喜歡」這種自我的感覺還不夠，其中還牽涉到打磨靈魂的目的。

因此，如果可以隨時提醒自己幫助對方的靈魂成長，兩人的靈魂會變得更緊密。

透過以下六種方法，可以幫助對方的靈魂成長，加深彼此之間的親密度。

①支持對方想做的事
②真心相信對方
③必要時以愛為出發點指出對方的不是
④尊重對方的人生
⑤不求回報地為對方付出
⑥不試圖控制對方

當靈魂變得更緊密，就能從潛意識愛著對方，同樣的對方也會更愛你。

透過對方的言行打磨自己的靈魂

受你吸引來靠近的人會反映出你的潛意識，換言之，我們可以從對方的身上得到學習，達到打磨靈魂的目的。

就算和對方的個性截然不同，但是戀人和自己親近的人，能量幾乎都和自己差不多。

例如，為了想滿足自己的私心而表現愛意的男人，和希望被愛所以表現溫柔的女人，雙方都擁有「想滿足自己欲望」的能量特質。

舉個例子來說吧。

假設有一對夫妻，先生動不動就生氣，太太則什麼話都不說，乍看是個溫和的人。

兩個人的個性雖然正好相反，不過在能量特質上卻都有「逃避對方」的一面。

先生不願面對對方，**以自己的感受為優先。**
←→
太太因為逃避對方，**所以什麼都不說，裝作沒看見。**

由此可知，對方會反映出自己的內心。

換句話說，**觀察對方就能瞭解自己的潛意識。**

以這個例子來說，先生和太太在潛意識中都在「逃避對方」。

大家不妨可以從對方的言行去反思自己，達到打磨靈魂的目的。

如此一來靈魂才有辦法獲得成長。

方法如下：

〈例〉

＊個性和言行以外的部分被否定，例如：「你該減肥了！」「這件衣服不適合你啦！」

⬇回頭想想自己是不是有條件地愛著對方。

＊被說「女人本來就應該要會做家事」。

⬇回頭想想自己是不是會用「男人本來就應該～」的既定觀念來評斷對方。

＊對方只是想玩玩而已。

⬇回頭想想自己是不是希望對方來滿足自己缺乏的心靈。

＊對方不願意結婚。

⬇回頭想想自己是否有覺悟「自己的幸福要靠自己去創造」。

我有個客戶，在透過對方的言行打磨自我靈魂之後，她告訴我：

「原本固執的他，現在已經變得截然不同了，所以我特地來跟你說這個好消息。

我照著你教我的方法去做，結果原本動不動就生氣，自私又經常爆粗口，小氣又視錢如命的他，如今性格大變，變得溫柔極了！

不只不再跟我吵架，還經常把謝謝掛在嘴邊。而且每一次吃飯都是他出錢，把我的幸福擺在優先，總是把我當公主一樣對待！

沒想到我改變自己之後，竟然可以讓對方也出現這麼大的轉變，實在太驚人了！」

她不再想著要改變對方，而是從對方的言行去瞭解自己的潛意識，進而打磨自己的靈魂。這麼做的結果就是，眼前的現實出現驚人的轉變。

從對方的言行中獲得學習

←改變自己的行為（做出和過去完全相反的事等）

←提升靈魂的經驗

←自己的內心出現轉變

←反映出來的外在（對方）跟著改變

由此可知，只要自己改變，最後對方也會跟著改變。

既然如此，就從對方的能量特質去獲得學習，提升自己的靈魂吧。

分手是幸福的開始

分手會讓人既難過又寂寞。

如果是和深愛的人分手，恐怕更是如此。

有時說不定還會讓人感到絕望。

關於感情關係，前面曾經提到「光靠『喜歡』這種自我的感覺還不夠，其中還牽涉到打磨靈魂的目的」。

也就是說，「分手表示你的靈魂已經提升到下一個階段了」。

分手是為了準備和真正的人生伴侶相遇。

同時也是為了準備擁有更多的幸福。

在遇見人生伴侶之前，有時候必須先接受痛苦的分手。

感情就是反覆地結束一段緣分，然後再繼續和他人相遇。

假使和對方的感情對你來說是必要的，雙方的靈魂自然會互相吸引而結合。

因為和必要的人，在必要的時候，一定會相遇。

我有個客戶，她和交往五年的男朋友分手已經經過半年，卻仍然遲遲無法放下，因此來向我尋求協助。

五年的感情，當然不是說忘就能忘的。

一定會很想「回到當初的幸福」。

說不定還會責怪自己，後悔「當初要是再～就好了……」。

但是，分手是打磨靈魂（獲得幸福）必經的過程。

一切的事情，全都是為了讓自己的靈魂得到打磨。

於是我告訴她：

「現在你雖然會感到痛苦，不過這一切發生的事對你來說都是最好的。為了你的幸福，分手是必要的。你要相信自己，全心全意去打磨你的靈魂才行。」

後來，為了自己將來的幸福，她不再後悔過去發生的事，開始尋找新的對象，和朋友變得更親密，努力讓自己變得比以前更好。

在這當中，她也很努力地打磨自己的靈魂。

同時我也請她「別再執著於過去的緣分」。

這是因為，執著於過去的緣分會使得新的緣分無法靠近，導致自己無法打磨靈魂。

在經過努力打磨靈魂之後，後來她在短短三個月內就遇見理想對象，兩人順利交往。

過了一陣子之後，她捎來好消息：

「我現在過著前所未有的幸福生活。雖然那時候很痛苦，不過我很慶幸自己很努力地打磨靈魂。現在我們已經考慮要結婚了。事情可以這麼順利，老實說我也不敢相信，打磨靈魂的力量真的很神奇！」

對緣分執著，等於把自己的幸福交給緣分去決定。

「緣分」並不是把幸福交給「某個人」。只有堅持相信「自己的幸福靠自己去創造」，才能為打磨靈魂帶來最大的力量。

要記住，即便是分手，說不定也會為自己帶來更大的幸福。

讓自己深受寵愛的兩個念頭

「感覺不到對方的重視……」
「對方總是先想到朋友……」
「我也想被喜歡的人寵愛！」

這個時候不妨告訴自己：

①允許自己被愛。
②陪在對方的靈魂身邊。

①允許自己被愛

「我一點也不可愛。」

「我的身材不好。」

「我已經不再年輕了。」

別再像這樣給自己找不受寵愛的原因了。

這種「不受寵愛的原因」只是自找的，一切都是假的。

你根本沒有什麼不受寵愛的原因。

別再否定自己，覺得「像我這種人……」。要告訴自己的靈魂：「我可以被愛」。

除非你的靈魂願意接受，否則對方就算想愛你也無計可施。

被愛沒有什麼原因。

因此自然不必去尋找被愛的原因。

沒有原因的愛，才是真愛。

②陪在對方的靈魂身邊

人在結束努力工作或念書的時候，都會想要放鬆。

同樣的，靈魂每天為了成長努力，當然也會希望能夠放鬆。

雖然打磨靈魂是潛意識的作用，人不會有感覺，不過事實上需要耗費相當大的精力。

所以，努力的靈魂自然也會渴望能夠放鬆。

如果你的靈魂能夠讓對方感到放鬆，對方自然會想一直待在你身邊，進而萌生愛意，讓你有被寵愛的感覺。

要想讓對方的靈魂放鬆，方法就是**「不求回報地愛著對方」**。

追求回報會耗費掉對方的精力，例如：「我為了你〇〇，你也要愛我才行。」疲累的時候被對方要求，只會讓人更加疲憊。

不求回報，才能成為對方靈魂充電的重要存在。

這並不是要你犧牲自己，不斷為對方付出。

而是只要單純接受對方這個人，這樣就行了。

愛對方這個人，就是愛他的靈魂，陪在他身邊。

不挑對方的毛病，不責怪對方，把自己當成「對方最好的朋友」去接受他。

這麼一來，他一定會變得更加愛你。

深受寵愛的人通常會告訴自己「我可以被愛」，並且陪伴著對方的靈魂。

對對方而言，自己於是成了無可取代的存在。

如果受到顯意識的影響而做不到這兩點，不妨可以透過「靈魂打磨日記」來打磨自己的靈魂。

當靈魂獲得成長之後，自然就能夠陪伴在對方的靈魂身邊。

愛自己的方法

每個人心目中都有「理想的自己」。

朝著理想的自己為目標去努力是一件很棒的事。

但是，你是不是過度追求理想的自己，卻忘了愛眼前這個「真實的自己」了呢？

每個人出生來到這個世界的時候，都是未成熟的個體，有許多必須學習的事物。

每個人都是如此。

即便是再偉大的人，也是為了打磨靈魂才來到這個世界。

即便是看似完美、受人憧憬的人，還是讓人覺得很厲害的人，其實都未必完美，都是未成熟的個體。

未成熟不是什麼壞事。

既然是人，一定都有欠缺的部分。

欠缺的部分指的不是「不足的部分」，而是你的個性所在。

個性會讓你成為這世上獨一無二的存在。

你所欠缺的部分，其實就是你最應該珍惜的「值得被愛的部分」，因為它讓你成為無可取代的存在。

記得愛眼前這個真實的自己，不要用理想的自己作為標準去否定它。

愛自己其實很簡單。

打磨靈魂會讓你專注在「當下」，把焦點放在眼前的現實，而非理想上。

面對「當下」真實的自己，自然就會愛上自己。

在業報法則的作用下，連帶地也會開始被他人所愛。

下次當你想責怪自己、挑自己毛病的時候，可以試著這麼想：

①每個人來到這個世上都是未成熟的存在。

②沒有人是完美的。

③欠缺的部分就是自己值得被愛的部分，不是不足的部分。

④必須先愛自己，才能擁有他人的愛。

靈魂不同於身體，前世經歷過許多經驗之後，才成為這一世的靈魂。

每個人的靈魂不論是拿手或不擅長的事，或是喜歡和討厭的事，全都不盡相同。

在前面曾經提過，從靈魂的特質可以看得出這一世的個性和行為模式。

因此，愛真實的自己，就是愛自己的靈魂。

必須懂得愛自己的靈魂，靈魂才有餘裕去愛他人的靈魂。

就像人的感受一樣，靈魂只要被愛，也會以愛作為回報。

所以，先愛真實的自己吧。
唯有這樣才能擁有來自身邊前所未有的寵愛。

打磨靈魂的真意

說了那麼多打磨靈魂實現理想的方法，事實上，有個方法可以讓各位現在就立刻感受到富裕。

那就是「感謝生命」。

能夠每天早上起床睜開眼睛迎接一天的來臨，這絕對不是什麼理所當然的事，而是奇蹟。

生活就是許多奇蹟的總和。

打磨靈魂可以讓人體認到這些奇蹟的發生，對活著本身感受到幸福。

「自從開始打磨靈魂之後，包括痛苦在內，我開始體會到人生的快樂。就連痛苦也變成了一種快樂。」

這是某個客戶告訴我的一段話，說得一點也沒錯。

打磨靈魂不只可以實現願望，透過打磨靈魂還能體驗到「活著」的快樂。

實現願望不過是選項之一罷了。

痛苦也好，悲傷也好，都只是「活著」的一部分。

能夠感受到痛苦和悲傷，就表示自己有多認真地活出每一天。

每個靈魂都是為了經歷各種體驗才來到這個世界。

沒有人知道自己接下來會經歷什麼。

不過就算如此，如果可以透過打磨靈魂感受到活著本身的快樂，不管未來怎麼樣，一定都能克服。

當各位讀完這本書，實際開始打磨靈魂之後，你的願望一定會慢慢實現。

這肯定會讓你既開心又雀躍。

在願望實現的過程中，你也會瞭解到**「人生永遠可以改變，一切全看自己怎麼做」**。

靈魂的光輝會成為活著的希望。

各位千萬要記住這一點，用愉悅的心情去打磨自己的靈魂。

打磨靈魂就是……

1. 從當前的現實獲得學習
2. 改變意識
3. 改變行動

打磨靈魂時必須注意的十個重點

1. 關注自己的潛意識
2. 目的在於提升靈魂的經驗值
3. 眼前的現實就是最適合自己打磨靈魂的方法
4. 最重要的是客觀地審視自我
5. 他人的話隱藏著重要的訊息
6. 不勉強自己心存感恩
7. 不必永遠樂觀積極
8. 不以善惡判斷事物
9. 壞人也是給自己帶來幸福的人
10. 想不透就先擱在一旁

結語

「我受夠這樣的人生了……」

曾經對人生如此失望的我，最後竟然會寫出這樣的一本書，實在很難想像。

我曾經對人生失去希望，不知道自己會不會就這樣每天痛苦度日，也不知道怎麼找到幸福，怎麼做才能實現夢想和願望。

一想到這些，我就對看不見的將來感到不安，也對已經發生的過去後悔不已。

我變得毫無自信，一心只在意別人的眼光。

我過去的人生過得一點都不值得驕傲。

即便如此，我仍然對過去的自己感到自豪。

倘若沒有過去的我，我絕對無法寫出各位現在手中的這本書。

希望大家可以透過這本書找到一絲希望，並且愛上自己，包括過去的你。

你所經歷過的難過和痛苦，努力和忍耐……

這一切全都不是白費，都有它的意義。

這些過去的經驗，透過打磨靈魂，都會成為**給未來自己的「禮物」**。

我在高中時讀過一本書，為我的人生帶來了巨大的轉變。

它讓我相信自己擁有足以改變人生的力量。

於是我心想：「以後換我要寫一本改變他人人生的書！」

這就是我提筆寫這本書的原因。

讀完這本書，或許各位會對部分內容無法理解。

不過，這只是表示現在的你還不需要理解這些內容。

當有一天「現在的你」必須瞭解這些的時候，自然會看得懂，所以請不必心急。

每個人一開始都是帶著美麗的靈魂來到這個世上。
你並沒有任何不足的地方。
你的魅力只是還沒有被發覺，並非你沒有魅力。
要保持希望，活出更自由的人生。
人生只有一次。
你的人生，由你決定就好。
不要受他人左右，勇敢去追求屬於你自己的幸福和自我吧。

期盼各位在讀完這本書之後，都可以藉由打磨靈魂，散發出自己天生的光芒。
期盼有緣閱讀本書的人，心靈都能充滿無限的愛。
期盼各位可以用這份愛，為身邊的人帶來希望。

水紀華

你所夢想的事，都能一一實現

魂磨きで魔法のように願いを叶える

你所夢想的事，都能一一實現/水紀華作；賴郁婷譯. -- 初版. -- 臺北市：春天出版國際文化有限公司, 2021.04
面；公分. -- (Better；26)
譯自：魂磨きで魔法のように願いを叶える
ISBN 978-957-741-333-8(平裝)
1.心靈學 2.超心理學 3.靈修
175.9 110005008

Better 26

作　　者◎水紀華
譯　　者◎賴郁婷
總 編 輯◎莊宜勳
主　　編◎鍾靈
出 版 者◎春天出版國際文化有限公司
地　　址◎台北市大安區忠孝東路4段303號4樓之1
電　　話◎02-7733-4070
傳　　真◎02-7733-4069
E－mail◎frank.spring@msa.hinet.net
網　　址◎http://www.bookspring.com.tw
部 落 格◎http://blog.pixnet.net/bookspring
郵政帳號◎19705538
戶　　名◎春天出版國際文化有限公司
法律顧問◎蕭顯忠律師事務所
出版日期◎二〇二一年四月初版
定　　價◎299元

總 經 銷◎楨德圖書事業有限公司
地　　址◎新北市新店區中興路2段196號8樓
電　　話◎02-8919-3186
傳　　真◎02-8914-5524
香港總代理◎一代匯集
地　　址◎九龍旺角塘尾道64號 龍駒企業大廈10 B&D室
電　　話◎852-2783-8102
傳　　真◎852-2396-0050

ISBN 978-957-741-333-8